经济管理学术文库·管理类

众筹平台生态系统及关键主体行为研究

Research on Crowdfunding Platform Ecosystem and the Key Subjects Behaviors

王正沛／著

图书在版编目（CIP）数据

众筹平台生态系统及关键主体行为研究/王正沛著.—北京：经济管理出版社，2019.6
ISBN 978-7-5096-6613-5

Ⅰ.①众… Ⅱ.①王… Ⅲ.①企业融资—研究 Ⅳ.①F275.1

中国版本图书馆 CIP 数据核字（2019）第 097705 号

组稿编辑：杨国强
责任编辑：杨国强　张瑞军
责任印制：黄章平
责任校对：赵天宇

出版发行：经济管理出版社
　　　　　（北京市海淀区北蜂窝 8 号中雅大厦 A 座 11 层　100038）
网　　址：www.E-mp.com.cn
电　　话：(010) 51915602
印　　刷：北京玺诚印务有限公司
经　　销：新华书店
开　　本：720mm×1000mm/16
印　　张：11.75
字　　数：178 千字
版　　次：2019 年 7 月第 1 版　2019 年 7 月第 1 次印刷
书　　号：ISBN 978-7-5096-6613-5
定　　价：68.00 元

·版权所有　翻印必究·
凡购本社图书，如有印装错误，由本社读者服务部负责调换。
联系地址：北京阜外月坛北小街 2 号
电话：(010) 68022974　邮编：100836

前　言

作为一个新生事物，众筹改变了创业者获取创业资金的方式和渠道。在众筹平台中，项目发起人和投资人是两个关键主体，从根本而言，众筹平台就是为这两者服务的。他们的投资、发起、分享和持续参与众筹项目的行为对众筹项目和平台的成功具有重要意义。因此，对两者的行为研究具有重要的学术和实践意义。为了更好地服务创业，我国众筹平台大都与第三方机构建立合作关系。这种合作形式多样，而囊括主体多元的合作网络逐渐形成为新的众筹平台生态系统。众筹平台生态系统是现阶段我国众筹平台发展的一个重要趋势。

众筹是一个新生事物，关于众筹的学术研究出现时间较晚。本书在前人研究成果的基础上，进一步研究众筹平台生态系统，以及项目发起人和投资人的行为。本书具体开展了以下研究：

第一，众筹平台生态系统研究。通过对8组有代表性的众筹平台的案例研究，本书提出了众筹平台生态系统的三种模式：融合型众筹平台生态系统、交叉型众筹平台生态系统和独立型众筹平台生态系统，三者的主要区别在于系统内物种关系紧密程度以及物种数量；发现了众筹平台生态系统演化和发展根本动力机制。生态系统演化发展的根本动力来自于系统内物种的发展需求。当系统内生物

众筹平台生态系统及关键主体行为研究

和物种数量达到一定阈值,就会产生新的需求,生态系统的设计者如果能满足这种新需求,系统功能和规模就可能进一步升级。

第二,从投资人关键主体视角,分别构建项目支持者的投资、分享和持续参与行为模型。这三个研究问题的研究模式是:理论分析提出研究假设,设计调查问卷收集数据,通过结构方程模型进行假设验证。首先,研究项目支持者的投资意愿影响因素。本书提出了投资者三重角色理论:消费者、投资者和社会人。结论表明:科技类众筹项目支持者具备消费者动机(独特性产品需求)和投资者动机(投机心理),但不具备社会人动机(亲社会倾向)。发起人能力和模仿他人(从众因素)对众筹用户的支持意愿产生了正向影响。其次,探索奖励众筹用户的分享意愿影响因素。从众筹平台和社交网络平台两个层面分析用户分享意愿影响因素,实证研究结论表明:众筹平台层面,用户对项目的认可度以及用户的助人动机积极地影响用户的分享意愿,而用户对项目的认可度受到项目展示视觉效果、信息质量、项目产品创新性以及众筹用户的风险感知的影响;在社交网络平台层面,用户的分享意愿受到自我形象表达和社会互动动机的驱动。最后,以期望确认模型为基础,研究奖励众筹用户持续参与意愿。实证研究表明:平台的用户界面和用户的安全感知正向影响用户的众筹满意度;期望确认模型适用于用户的众筹持续参与意愿研究,感知有用性正向影响用户的众筹满意度和持续参与意愿;消费者创新性特质可以有效提升用户众筹持续参与意愿。

第三,从项目发起人视角研究众筹项目融资绩效。这一部分的研究模式是:通过 Python 软件抓取国外众筹网站 Kickstarter 平台数据,通过构建回归模型,对相关问题进行实证分析。研究结论表明:项目发起人的发起经历对于其现阶段众筹项目融资绩效有显著的正向影响;项目发起人的投资经历对现阶段发起众筹项目融资绩效的影响不能一概而论,这种影响因不同类型的众筹项目而影响不同。其中,显著正向影响的项目类型主要有游戏(Game)、新闻(Journalism)、摄影

（Photography）和技术（Technology），而食物（Food）和音乐（Music）则存在显著的负向影响。其他艺术（Art）、漫画（Comics）、工艺品（Crafts）、舞蹈（Dance）、设计（Design）、时尚（Fashion）、电影和视频（Film & Video）、出版（Publishing）、戏剧（Theater）九种类型的众筹项目则不存在这种影响。

目 录

第1章 绪论 ·· 1

  1.1 问题的提出 ·· 1

    1.1.1 研究背景 ··· 1

    1.1.2 研究问题与研究范围 ··· 4

    1.1.3 研究目的 ··· 7

    1.1.4 研究意义 ··· 8

  1.2 国内外研究现状 ··· 9

    1.2.1 众筹项目融资绩效研究 ·· 10

    1.2.2 众筹参与行为影响因素研究 ··· 13

    1.2.3 创业生态系统研究 ·· 15

    1.2.4 国内外文献综述简析 ··· 18

  1.3 研究内容与结构安排 ·· 19

    1.3.1 研究内容 ··· 19

    1.3.2 结构安排 ··· 21

  1.4 研究方法及技术路线 ·· 22

1.4.1　研究方法 …………………………………………… 22

　　1.4.2　技术路线 …………………………………………… 23

　　1.4.3　章节逻辑关系 ……………………………………… 24

第 2 章　众筹平台生态系统研究 ………………………………… 26

　2.1　问题描述 …………………………………………………… 26

　2.2　研究设计 …………………………………………………… 28

　　2.2.1　研究方法 …………………………………………… 28

　　2.2.2　案例选择 …………………………………………… 29

　　2.2.3　数据收集 …………………………………………… 30

　2.3　案例介绍 …………………………………………………… 31

　　2.3.1　淘宝众筹 …………………………………………… 31

　　2.3.2　京东众筹 …………………………………………… 34

　　2.3.3　苏宁众筹 …………………………………………… 35

　　2.3.4　青橘众筹和筹道股权 ……………………………… 36

　　2.3.5　众筹网和原始会 …………………………………… 38

　　2.3.6　投壶网 ……………………………………………… 39

　　2.3.7　开始众筹 …………………………………………… 39

　　2.3.8　创投圈 ……………………………………………… 40

　2.4　众筹平台生态系统类型划分 ……………………………… 40

　　2.4.1　融合型众筹平台生态系统 ………………………… 42

　　2.4.2　交叉型众筹平台生态系统 ………………………… 45

　　2.4.3　独立型众筹平台生态系统 ………………………… 48

　2.5　众筹平台生态系统特征分析 ……………………………… 51

　　2.5.1　基本形态 …………………………………………… 51

2.5.2　系统结构 ·· 53
　　2.5.3　物种数量与关系 ······································ 54
　　2.5.4　系统功能与系统演化动力 ···························· 55
2.6　结论与启示 ·· 57
　　2.6.1　研究结论 ·· 57
　　2.6.2　管理启示 ·· 59
本章小结 ·· 60

第3章　众筹支持者项目投资行为研究 ························ 61

3.1　研究背景与范围界定 ·· 62
　　3.1.1　问题提出 ·· 62
　　3.1.2　研究范围界定 ··· 63
3.2　研究假设与理论模型 ·· 64
　　3.2.1　投资行为的角色动机划分 ··························· 64
　　3.2.2　其他影响因素 ··· 67
3.3　研究设计 ·· 69
　　3.3.1　变量测量 ·· 69
　　3.3.2　数据收集 ·· 69
　　3.3.3　共同方法偏差检验 ···································· 71
3.4　实证研究 ·· 71
　　3.4.1　信度与效度检验 ······································ 71
　　3.4.2　假设检验 ·· 74
3.5　结论与启示 ·· 76
　　3.5.1　结果讨论 ·· 76
　　3.5.2　管理启示 ·· 78

本章小结 …………………………………………………………… 79

第4章 众筹支持者项目分享行为研究 …………………………… 80

4.1 问题描述 …………………………………………………… 80
4.2 研究假设 …………………………………………………… 81
4.2.1 项目特质与项目认可度 ……………………………… 82
4.2.2 项目认可度与项目分享意愿 ………………………… 86
4.2.3 众筹项目分享动机 …………………………………… 86
4.3 研究设计 …………………………………………………… 88
4.3.1 变量测量 ……………………………………………… 88
4.3.2 数据收集 ……………………………………………… 89
4.3.3 共同方法偏差检验 …………………………………… 90
4.4 实证研究 …………………………………………………… 91
4.4.1 信度与效度检验 ……………………………………… 91
4.4.2 假设检验 ……………………………………………… 94
4.5 结论与启示 ………………………………………………… 95
4.5.1 研究结论 ……………………………………………… 95
4.5.2 理论贡献 ……………………………………………… 96
4.5.3 管理启示 ……………………………………………… 97

本章小结 …………………………………………………………… 99

第5章 众筹支持者持续参与行为研究 …………………………… 100

5.1 问题描述 …………………………………………………… 100
5.2 研究假设 …………………………………………………… 101
5.2.1 众筹支持者的期望确认模型 ………………………… 102

5.2.2 支持者众筹体验与众筹满意 ································ 104
　　5.2.3 支持者个体特质与持续参与意愿 ···························· 105
5.3 研究设计 ·· 107
　　5.3.1 变量测量 ·· 107
　　5.3.2 数据收集 ·· 107
　　5.3.3 共同方法偏差检验 ·· 108
5.4 实证研究 ·· 109
　　5.4.1 模型检验 ·· 109
　　5.4.2 假设检验 ·· 111
5.5 结论与启示 ··· 112
　　5.5.1 研究结论 ·· 112
　　5.5.2 管理启示 ·· 114
本章小结 ·· 116

第6章 众筹发起者行为对项目融资绩效影响研究 ··············· 117

6.1 问题描述 ·· 117
6.2 研究假设 ·· 119
　　6.2.1 项目发起行为对项目融资绩效的影响 ···················· 120
　　6.2.2 项目发起行为对项目投资行为的影响 ···················· 121
　　6.2.3 项目投资行为对项目融资绩效的影响 ···················· 122
6.3 研究设计 ·· 123
　　6.3.1 数据来源 ·· 123
　　6.3.2 变量说明 ·· 123
　　6.3.3 实证模型 ·· 125
6.4 实证研究 ·· 126

6.5 结论与启示 ·· 136
  6.5.1 研究结论 ··· 136
  6.5.2 管理启示 ··· 137
 本章小结 ··· 138

第7章 结论 ··· 139

7.1 通过案例研究，提炼出了融合型、交叉型和独立型三种类型的众筹平台生态系统 ··· 139

7.2 针对众筹支持者关键主体，构建了其投资行为意愿、分享行为意愿和持续参与行为意愿模型 ···································· 140

7.3 针对众筹发起者关键主体，构建了发起者行为与众筹项目融资绩效影响关系模型 ·· 141

参考文献 ·· 142
附录1 众筹支持者投资行为意愿调查问卷 ····································· 162
附录2 众筹支持者项目分享行为意愿调查问卷 ······························· 167
附录3 众筹支持者众筹持续参与行为意愿调查问卷 ························ 172

第1章 绪论

1.1 问题的提出

1.1.1 研究背景

众筹（Crowdfunding）是一种集合大众进行融资的商业模式。互联网众筹，往往是个体或者组织为了实现某一计划、理想等采取的面向公众筹集资金的融资方式[1]。互联网众筹模式下，个人或者团体都可以将自己的计划、愿望、产品、创意等作为众筹项目展示在众筹平台，而项目的浏览者则可以根据自身的偏好、兴趣、经济实力等对这些项目进行赞助或投资[1]。相应地，项目发起人也会给予支持者一些或精神、或物质上的奖励作为回报。众筹通过这种聚少成多的方式，能够帮助个体或者组织迅速地获得资金。众筹模式，有效地消除了传统融资模式中的中间环节，提高了融资效率，降低了交易成本，分散了融资风险[1]。

按照回报类型，可以将众筹划分为奖励众筹（Reward Crowdfunding）、股权众筹（Equity Crowdfunding）、债权众筹（Lending Crowdfunding）和公益众筹（Donation Crowdfunding）[1]。在奖励众筹模式下，项目发起人往往会回报支持者实物，包括产品、服务、优惠券等产品；股权众筹发起人往往是企业组织，特别是新创企业，他们回报给支持者的通常是公司股权；债券众筹项目的回报往往是现金回报，现阶段债权众筹已经演变为互联网借贷平台（也即P2P）。公益众筹，也称之为捐赠众筹，特指为公益事业所进行的众筹募资活动，其回报往往是精神性的、象征性的[1]。

自2009年Kickstarter（kickstarter.com）平台上线以来，互联网众筹发展迅猛。到现阶段，国外具有较高知名度和较大融资规模的众筹平台包括：Kickstarter（美国，奖励众筹平台）、AngelList（美国，股权众筹）、Fundrise（美国，房地产众筹）、Crowdcube（英国，股权众筹+债券众筹）、Seedrs（英国，股权众筹）、FundRazr（加拿大，奖励众筹+公益众筹）等[2]。

2011年，"点名时间"的上线是中国互联网众筹的开端。在经过三年的缓慢发展之后，2014年，中国众筹平台迎来井喷期，当年新上线平台为154家，2015年新上线众筹平台达到225家；2016年，随着互联网金融专项整治以及相关监管措施的实施，传统的奖励众筹平台和股权众筹平台已经基本停止增长，新上线的192家众筹平台中，汽车众筹平台约为162家，约占新增众筹平台数量的83.9%[1]。截至2016年底，我国正常运营的众筹平台共有337家，剔除其中的汽车众筹平台之外，传统的众筹平台有218家。2014年，我国互联网众筹平台迎来了爆发式增长，在正常运营的337家众筹平台中，涉及股权众筹的平台有156家，占比为46.3%，涉及奖励众筹的平台有75家，占比为22.3%，汽车众筹平台119家，占比为35.3%[2]。在融资项目和金额数量方面，2015年，奖励众筹项目成功融资数量为1.9万个左右，融资金额达到了27亿元，约为2014年全年融资金额的10倍，2016年全年奖励众筹平台成功融资项目数量为2.7万个，融资金额为56亿元，同比分别增长42%和107%[2]。2015年，股权众筹实际融资金额为 50 亿~55 亿元,约为 2014 年的 4 倍,2016 年全年股权众筹平台成功融资金额为 63 亿~68 亿元,同比增长 25%[2]。

我国众筹平台的发展与创新创业联系紧密。"大众创业、万众创新",众筹在我国的产生和发展恰逢其时。创业资金对推动创新和创业有至关重要的作用,相较于传统的融资渠道,众筹不需要创业者提供复杂、详细的商业计划书,只需要将他们的创意和想法展现给公众,就可能获得公众的支持和投资[3]。众筹的出现,极大地促进了我国创新和创业的发展,为新创企业、小微企业的融资提供了极大的便利,有力地促进了我国经济社会的发展[1]。

在众筹的发展过程中,也出现了各种新形式的变化趋势。其中,对众筹行业影响较大的一个发展趋势是:大型众筹平台依托自身或合作方资源优势,构建闭环生态圈,其影响和市场份额逐渐扩大,甚至形成寡头垄断的局面。上述这种变化在奖励众筹平台非常明显。目前,我国正常运营的奖励众筹平台有 75 家,其中项目融资规模过亿的约有 5 家,占整个行业的 92.9%,而剩余的 70 家平台则只能瓜分 7.1% 的市场份额,这直接导致了大批的众筹平台倒闭、转型甚至跑路。众筹解决了创业者创业过程中的痛点和难点,以众筹平台为中心,或主动,或被动,大量其他的创业资源开始向其聚拢。这样就形成了多种创业资源相互连接、相互协同的众筹平台生态系统。

在众筹平台层面,众筹发起者和支持者是两个缺一不可的主体。众筹发起者在众筹平台发起众筹项目,期望得到支持者的青睐和支持;众筹项目支持者通过浏览、阅读、分析和判断众筹项目,形成自身的众筹支持决策。这两者共同作用才能维持众筹模式的形成和稳固。他们在众筹平台的行为构成了整个众筹产业和模式的基础。

基于上述的众筹背景和发展趋势的分析,本书将关注的焦点聚集在众筹的发展趋势:众筹平台生态系统,以及众筹模式的基础(平台关键主体的行为)。为此,本书确定了基本的研究主题:众筹平台生态系统及关键主体行为研究。

1.1.2 研究问题与研究范围

1.1.2.1 研究问题

本书的研究主题是：众筹平台生态系统及关键主体行为研究。其基本包含以下两个大的研究方面和问题。

（1）众筹平台生态系统研究。众筹平台生态系统是众筹平台发展的重要趋势，对它的研究能更加深入地挖掘众筹服务创业的途径和模式，这对于发挥众筹积极社会效应有重要意义。这是本书的第一个具体研究问题。

（2）众筹平台关键主体行为研究。

首先，需要明确众筹平台的关键主体是谁。

图 1.1 给出了众筹活动的基本模式。在众筹平台的框架下，项目发起者发起众筹项目，而项目支持者支持众筹项目。因此，在众筹平台中，关键主体是项目发起者和项目支持者。这两者缺一不可，缺少任何一个主体，众筹活动都不能进行。

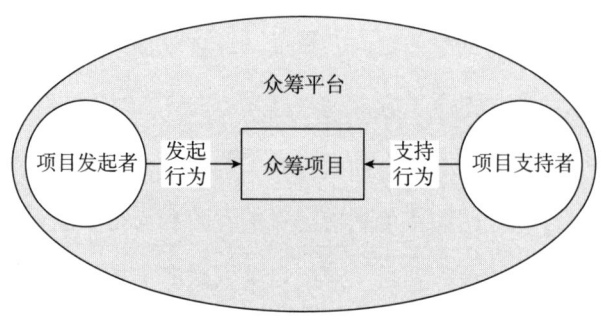

图 1.1 众筹活动基本模式

其次，在明确了关键主体之后，进一步需要明确两个关键主体在众筹平台框架和范围下的行为有哪些。

对于项目支持者（见图 1.2），支持者进入众筹项目页面时，会有两种态度和行为：第一种是在仔细阅读项目之后，失去对项目的兴趣，然后关闭页面；第二种是继续和增强对项目的兴趣，并形成对项目的积极态度和决策，最终形成两种行为：众筹项目的投资行为和众筹项目的分享行为。之后，如果众筹支持者形成了比较好的众筹体验和较高的众筹期望确认，可能会继续参与众筹平台的其他众筹项目，也即持续参与众筹行为。综上所述，众筹支持者关键主体的行为主要包括众筹投资行为、分享行为和持续参与行为。

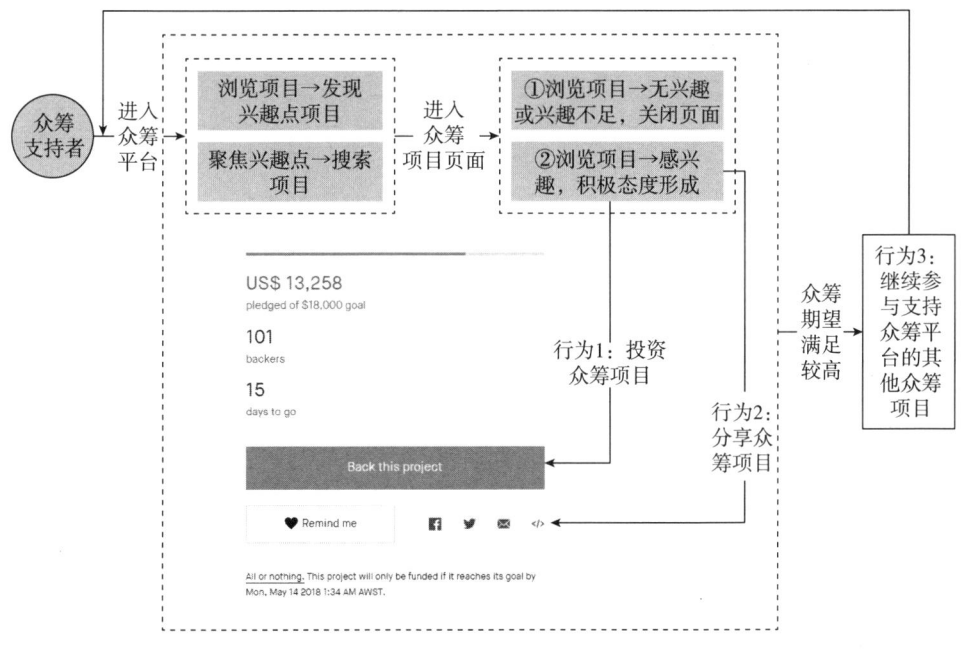

图 1.2　众筹支持者行为解析

在明确了众筹支持者关键主体的行为之后，需要继续界定和明确众筹发起者的行为。

众筹发起者参与众筹的主要目的在于实现项目融资绩效成功，筹集资金，所以，其行为导向主要是项目融资绩效。在众筹平台下，发起者可以从事以下活动：设计众筹项目页面；参与支持其他众筹项目；发起多个众筹项目。这三个活动对应的行为如图 1.3 所示。

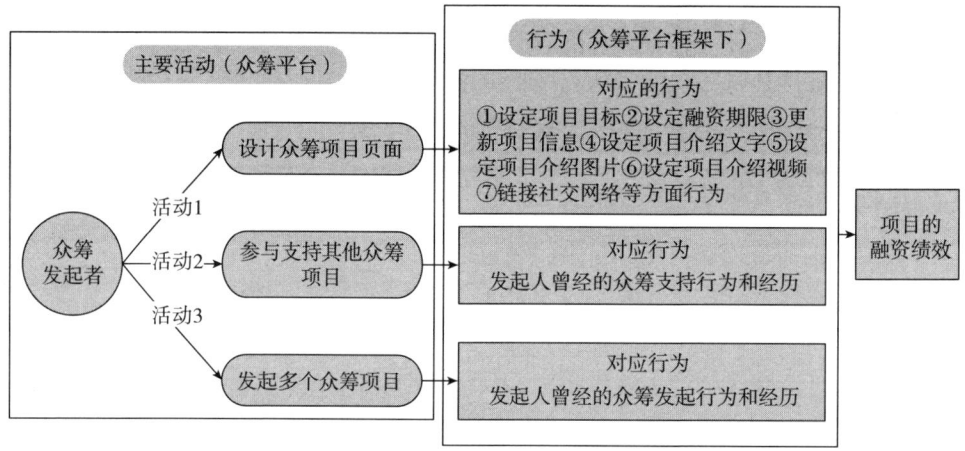

图 1.3　众筹发起者行为解析

综上述分析，本书认为，众筹平台关键主体包括众筹支持者和发起者。而他们的行为包括支持者的项目投资行为、项目分享行为和众筹持续参与行为。而众筹发起者的行为类型多样（见图1.3）。因此，第二个研究问题（关键主体行为研究）可以分解为四个方面的研究问题：①支持者项目投资行为研究；②支持者项目分享行为研究；③支持者众筹持续参与行为研究；④众筹发起者行为对项目融资绩效研究。

整体而言，在本书的大研究主题下，包括以下研究问题：众筹平台生态系统研究；众筹支持者项目投资行为研究；众筹支持者项目分享行为研究；众筹支持者持续参与行为研究；众筹发起者行为对项目融资绩效影响研究。这五个研究问题，分别对应本书的五个研究内容和章节。

1.1.2.2　研究范围界定

前文已述，众筹包含四种类型，不同的众筹模式之间存在着显著的差异。例如，股权众筹、奖励众筹与创新创业联系紧密，特别是股权众筹平台，很大一部分都有风险投资机构作为后台和支撑[1]。而借贷众筹，现阶段往往演变为互联网借贷平台，对其研究往往归类于互联网P2P类型中，而捐赠众筹更多地偏向公益和慈善事业，也是一种较为特殊的众筹模式。在这四种类型的众筹平台中，股权众筹和奖励众筹的平台数量及融资规模都占有主导地位[1]。

不同模式的众筹平台具有不同的特点，要完整地对四种众筹模式的平台进行研究存在较大的困难。本书只能选取几种众筹模式作为研究对象，因此，本书需要对研究范围进行界定。

在众筹平台中，股权众筹和奖励众筹占有最大的比重[1]，同时它们与创新创业也有直接关系。因此，本书将研究范围限定在股权众筹和奖励众筹两种模式下。由于众筹项目要面向公众，现阶段股权众筹平台为了保护创业项目的知识产权、技术专利和商业创意，往往面向专业投资人和投资机构，一般公众无法注册浏览众筹项目，这导致了两个问题：第一是项目数据获取困难；第二是支持者的特殊性，导致了调查访问的困难。因此，对于平台关键主体行为研究方面，本书主要针对奖励众筹平台。

整体而言，由于股权众筹和奖励众筹两种模式平台数量及融资规模比重最大，与创新创业联系紧密，因此也最具有代表性，本书选择这两种众筹模式作为研究对象。对于众筹平台生态系统的研究，由于不涉及具体项目数据以及支持者行为动机探究，因此，这一部分研究主要针对股权众筹和奖励众筹。而平台关键主体行为研究涉及项目数据信息和支持者调查访问等问题，为了保证数据的可获得性，这一部分研究主要在奖励众筹模式下展开。

1.1.3 研究目的

（1）为众筹平台生态系统的构建和发展提供理论支撑，为众筹平台生存策略和发展趋势提供有益的参考。现阶段，很多大型的众筹平台为了提供差异化、多元化的创业服务，往往会与其他创业服务平台合作。众筹平台、第三方机构以及它们之间的合作网络构成了众筹平台生态系统。众筹平台生态系统有效地提升了创业者的创业效率。同时，构建众筹平台生态系统也是众筹平台生存和发展的重要策略。本书能为众筹平台生态系统理论发展，以及众筹平台发展策略提供支持和借鉴。

（2）帮助众筹平台和项目发起人更好地了解项目支持者的心理动机和行为基础。要获得支持者的投资，项目发起人和众筹平台需要深入地了解项目投资人的行为决策机制。在众筹平台上，项目支持者的行为主要包括投资行为、项目分享行为和持续参与行为。这三种行为都能直接或间接地影响众筹项目融资和平台发展。本书的研究能为项目发起人和众筹平台了解众筹用户行为提供有益的借鉴。

（3）探究影响项目融资绩效的因素，为项目发起人科学地设置众筹项目网页信息提供借鉴。项目支持者的投资决策主要依赖众筹项目网页信息。科学合理地设置相关项目信息，有助于"适配"投资者的决策信息需求，有效提升投资者的投资意愿，促进项目融资成功。

1.1.4 研究意义

1.1.4.1 理论意义

（1）深刻理解众筹支持者行为意愿的心理基础和形成机理。众筹用户的投资行为、项目分享行为以及持续参与行为都对众筹项目和平台的成功及发展有重要影响。这也是众筹领域研究的热点。对这三方面的研究能加深我们对众筹用户行为意愿的认知和理解。

（2）明晰影响众筹项目成功率的关键因素。促进众筹项目成功，提升众筹项目成功率，对于项目发起人和众筹平台而言都有重要的积极意义。影响项目成功率的因素众多，如项目发起人的过往经历、相关技术储备、项目可行性、项目计划性、项目定价等。本书的研究能够较为全面地考察相关影响因素，这对于丰富该问题的研究成果具有积极意义。

（3）探究众筹平台的发展规律，发展众筹平台生态系统研究。众筹平台生态系统是一个面向创业的以众筹平台为核心的生态系统。它的产生来源于不同创业资源之间的合作和融合，对该问题的研究有助于我们加深对众筹平台发展规律的认知。同时，这一问题也体现了生态系统理论在互联网众筹平台领域的应用。

1.1.4.2 实践意义

（1）帮助众筹项目发起人提升项目成功率。对项目支持者支持行为、分享行为以及持续参与众筹项目行为意愿的研究，有助于项目发起人深入了解支持者投资、分享行为意愿和心理基础，进而"适配性"地改进和完善众筹项目，促进项目成功。

（2）为众筹平台的发展提供有益借鉴。众筹平台与其他创业服务主体之间的合作是众筹平台的重要发展策略。众筹平台生态系统能够为创业者提供多元化、异质化的创业资源，能够吸引优秀创业者和创业项目入驻平台，这对众筹平台的生存和发展有着积极的实践意义。

1.2 国内外研究现状

最早的互联网众筹平台 Kickstarter 成立于 2009 年，总体而言，现代众筹出现的时间较晚，相应地，关于众筹的学术研究也是近几年才出现。现阶段，国内外学者对众筹研究的相关问题主要集中在以下方面：众筹项目融资绩效；众筹支持者和发起者参与动机以及相关影响因素。除此之外，现阶段缺乏关于众筹平台生态系统的研究，而创业生态系统与其在功能方面存在相似性，存在值得借鉴之处。因此，本书将回顾创业生态系统方面的学术研究，以借鉴相关成果支持众筹平台生态系统研究。

1.2.1 众筹项目融资绩效研究

现阶段，众筹项目发起人主要通过网页的形式向众筹浏览者呈现项目内容和项目创意。项目浏览者的投资决策往往依赖于网页信息。在网页上，项目浏览者需要捕捉信息、筛选信息和分析信息。因此，网页所呈现的项目基本特质就成为影响浏览者项目认知的关键所在。

（1）项目基本特征。众筹本身存在一定的风险性，项目潜在的支持者会像风险投资人一样，从多个角度分析和判断项目的前景和成功可能性。Mollick（2014）的相关研究发现，项目所展现的质量信号对于项目融资绩效有着显著的正向影响[3]，除此之外，众筹项目往往需要用创新、创意吸引普罗大众的注意力[4,5]。Davis（2017）等研究发现，产品创新性对于项目融资绩效有积极的正向影响[6]。Mollick（2014）的研究发现，众筹项目的目标融资额度、项目融资持续时间等因素都对项目的最终融资绩效有显著的影响。一般而言，项目的融资额度对项目融资绩效有负向影响，也即项目融资额度越高，其融资绩效越低；而项目的融资时间对项目融资绩效有显著的正向影响；某些特定的项目类型如智能硬件、产品设计以及游戏软件等类型的众筹项目比其他项目更可能获得项目的融资成功。Bi（2017）等的研究还发现，项目介绍页面的文字数量、视频数量是项目质量的一个重要外在表现，而项目的评论数量以及项目被标记为"喜欢"的次数往往代表着项目的口碑情况，上述四个因素都显著地影响项目融资绩效[7]。

项目的一般属性特征也会影响到项目的融资绩效，当发起人为非营利组织时，其所发起项目的融资绩效往往高于一般项目[8]。同时，Pitschner 和Pitschner – Finn（2017）的研究表明，当项目属于非营利性时，更容易达到最低的融资目标。这一结果说明，项目支持者对非盈利项目以及非营利组织持有更加积极的态度[9]。

在国内的众筹研究中，吴俊等（2017）的研究发现，项目类别对于项目融资绩效有显著的影响，其中艺术类和科技类项目更容易获得融资成功，他们同时也发现,项目介绍页面的视频数量对于项目融资绩效没有产生显著的影响,项目的支持人数和项目评论数量对于项目融资绩效有正向影响[10]。在众筹平台上,不可能保证没有同质性的项目存在,当有大量的同类型或者同质性项目存在时,也就意味着项目的竞争环境较为恶劣,项目的融资难度可能会上升。吴俊等(2017)的研究表明,同类型项目的数量对于项目的融资绩效有消极影响,而同类型项目的平均融资额度对于项目的融资绩效也有消极影响[10]。以"众筹网"为研究对象,张天顶和胡颦杨(2017)的相关研究发现:众筹项目的评论数量和关注数量对于项目融资绩效有积极影响[11],不同于Mollick(2014)的研究,他们同时发现,项目是否有视频介绍以及项目信息更新频率并不会显著地影响到项目融资绩效,而项目名称的字数则会正向影响项目融资绩效[11]。

(2)项目发起人的特征。项目发起人自身的特征也会影响到项目融资绩效。Mollick(2014)的研究发现,项目发起人在社交网站Facebook中好友数量对项目融资绩效有直接而显著的影响[3],同时,Zheng等(2014)以社会资本理论为基础,研究项目发起人的多维社会资本对项目融资的影响,研究发现,项目发起人的社会网络连接、与其他发起人的义务关系等都会对项目融资绩效产生正向影响[12]。同时,其他相关研究如Colombo等(2015)也都证明了项目发起人社会资本与其项目融资绩效之间存在正向关系[13]。Hobbs等(2016)研究发现,项目发起组织自身的财务状况以及人力资源同样对项目融资成功有重要影响[14]。

除了社会资本以外,项目发起人的情绪以及创业热情同样会影响到项目融资绩效[6]。发起人的信用记录以及团队的文化多样性也会影响到项目融资绩效。以产品众筹项目为例,郑海超、齐子豪等(2015)研究发现,项目发起人的信用记录同样对项目融资绩效有正向影响,研究认为,发起人的信用记录越好,那么其项目融资成功的概率越高[15]。该研究的其他结论也证明了项目发起人与他人互动过程中形成的结构型社会资本和关系型社会资本都会积极影响项目融资绩效[15]。刘刚和王泽宇(2016)的研究发现,发起人团队中的文化多样性与众筹融资绩效存在着"倒 U 形"关系，发起人团队的教育水平以及创业经验水平能够有效地调节上述关系[16]。

（3）外部影响因素。在其他外部影响因素中，距离因素是一个重要因素，虽然在网络世界中，众筹项目的影响力不受地理因素的影响，但项目发起人的影响力往往会受到地理距离因素的影响。Mollick（2014）的研究表明，项目发起人与项目支持者之间的距离会影响到项目融资绩效，一般而言，项目潜在的支持者更愿意支持距离自己较近的项目发起人。这说明项目融资绩效在地理距离上存在差异[3]。

在一般的股权众筹项目中，众筹项目往往是比较成熟的创业项目，项目发起人往往以企业组织形式存在。郑海超、黄宇梦和王涛等（2015）的研究发现，在股权众筹项目中，项目估值、项目团队员工人数、企业股东人数等会显著影响众筹项目融资绩效[17]。在众筹模式中，众筹网站为了吸引投资人会设置"领投人"机制，领投人往往是具备一定投资经验或领域内的专业人士，领投人的存在能在一定程度上提升投资人对项目的信心和认可度。然而彭红枫和米雁翔（2017）的研究发现，领投人的投资金额并不是项目质量的真实信号，而项目的不确定性因素则负向调节质量信号与项目融资绩效的关系[18]。

作为一种投资行为，个体的行为决策往往存在一些非理性的因素。相关研究如 Kuppuswamy 和 Bayus（2017）的研究发现，项目潜在的支持者更愿意支持那些即将接近融资目标的众筹项目，而当项目达到了融资金额之后，项目融资额度开始进入缓慢上升的阶段。这一研究从侧面说明，众筹支持行为中可能存在的从众和羊群效应[19]。国内的其他研究者则直接证明了众筹投资行为中的羊群效应存在[20]。李晓鑫和曹红辉（2016）的研究认为，项目的直接信息披露对提升投资者的理性决策有积极影响，而间接信息的披露，则容易形成市场噪声，从而导致投资者决策的非理性和羊群行为[20]。钱颖、朱莎（2017）和吴文清等（2016）的研究发现，在不同类型的众筹项目中羊群效应普遍存在[21]。众筹项目中领投人机制能有效地帮助科技类众筹项目融集资金[22]。

1.2.2 众筹参与行为影响因素研究

众筹活动的参与者主要包括两个主体：项目发起人和项目支持者。国内外学者对两个参与主体的参与动机以及相关影响因素都进行了研究。对这一问题的回顾和梳理，本书将根据不同主体分别进行总结。

（1）发起人参与众筹影响因素研究。对于众筹项目发起人参与众筹动机，Gerber 和 Hui（2013）通过半结构化的访谈认为，发起人参与众筹的动机主要是：募集资金；扩展公众对他们工作的认知和了解；建立新的社会关系和联系；获得公众对他们自己以及他们工作的认可和赞同；相较于传统融资手段，众筹能保持自身对项目运营和发展的控制；学习新的融资技巧。而他们参与众筹面临的主要障碍包括：没有能力去吸引支持者；害怕公开的失败和曝光；众筹过程所花费的时间和资源成本[23]。同时，相较于传统融资方式而言，众筹能帮助创业者绕开传统金融家的审视和蔑视，这也是项目发起人参与众筹的一个重要影响因素[24]。Gleasure（2015）的研究认为，影响新创企业抵触众筹的主要原因在于对项目信息披露有所顾忌，这种信息披露可能会导致创意或者相关技术的泄露，因此部分企业家并不认同众筹融资模式[25]。通过对前人文献的总结和回顾，焦微玲和刘敏楼（2014）认为，参与众筹能带给筹资人以下益处：募集资金。创业者或者小微型企业可以通过众筹获得种子基金，帮助个体或者组织继续发展壮大；进行产品营销和推广。通过众筹的方式，能够扩大发起人和项目产品在公众中认可和影响力，有助于产品后期运营和推广；获得资源。众筹能够有效地帮助创业企业了解市场，了解大众需求，不断进行新产品的改进和研发工作；与顾客的价值共创。通过众筹平台，创业企业能够和顾客建立积极的联系，了解顾客需求，实现与顾客共同创造价值的目标[26]。刘明霞和黄丹（2015）通过扎根理论研究奖励众筹发起者参与动机，研究认为，驱动因素主要包括：第一是内部驱动，包括因素有实现梦想、自主独立和获得认可；第二是情感驱动，包括因素有文化传承、情绪和慈善；第三是机会驱动，包括因素有筹集创业资金、新产品预售等；第四是关系驱动，建立新的社会关系，拓展人脉圈[27]。穆瑞章等（2017）以众筹数据研究女性社会网络关系与创业融资劣势，发现女性在社会网络相关条件强度和社会网络对创业融资影响两方面都存在一定的劣势[28]。

（2）项目支持者参与众筹影响因素研究。对于众筹项目支持者投资和支持行为动机，Gerber 和 Hui（2013）通过半结构化的访谈认为主要包括以下方面：获得众筹项目承诺的奖励和回报；帮助项目发起人实现梦想和愿望；成为项目支持者社区中的一员；支持自身信仰的某一类事件。而影响项目浏览者转变为投资者和支持者的主要障碍是对项目发起人使用资金的不信任感[23]。众筹项目的支持者按照逐利性，可以划分为逐利性动机和非逐利性动机，逐利性动机驱使的支持者往往为了追求项目回报和产品奖励，而非逐利性驱使的支持者则往往为了帮助发起人、参与到众筹社区以及出于对他人信任的动机[29]。郑海超等（2015）认为，在大众参与的众筹项目，项目支持者和投资人具有公民行为特质，而投资人的项目风险感知、项目社会责任感以及项目新颖度等都会影响到投资人和支持者的公民行为[30]。陈艳艳等（2017）研究认为，群体情绪、群体效能以及自我效能都是影响投资者决策的重要因素，而项目创新认可度以及发起人认可度又是群体情绪、效能以及自我效能的前置影响因素[31]。除上述因素外，感知众筹的有用性、易用性也会影响投资者的投资行为意愿，同时，投资者对项目的风险感知会消极影响用户的投资行为意愿，项目的创新性、回馈性以及兴趣性能有效冲淡投资者的项目风险感知[32]。项目支持者的投资决策也会受到羊群效应的影响[19]，前文已经进行了相关的回顾和总结，在此不再赘述。项目展示过程中的语言风格也能影响到投资人的决策，营利性语言风格更有助于吸引投资人的关注，对于亲社会性的投资人而言，人文兴趣的语言风格更有助于吸引他们的注意力[33]。李龙一和杨祺（2017）研究表明，时间距离、空间距离和心理距离都是影响投资者支付意愿的重要因素,当时间距离、空间距离和解释水平分别匹配时,投资人的支付意愿更强[34]。

1.2.3 创业生态系统研究

众筹产生的最初动机并不是为创业服务,但是,随着众筹与互联网的结合,众筹成为支持和服务创业的最有力的模式和渠道之一。本书的研究视角是从创业角度出发,研究众筹平台生态系统以及内部关键主体行为。众筹平台生态系统的主要功能是为了更好地服务和支持创业活动,所以其功能和属性与一般意义上的创业生态系统有较大的关系,因此,关于生态系统理论的文献回顾,本书主要集中在创业生态系统理论方面。

生态系统理论是生物学的一个重要理论。在生态系统内,生物与环境之间以及物种之间都存在多样的制约和影响关系。随着不同学科的交叉与融合,生态系统理论开始拓展到其他学科领域,发展了创新生态系统、商业生态系统、城市生态系统、知识生态系统、社会生态系统、创业生态系统、产业生态系统和金融生态系统等多个衍生理论[35-43]。

创业生态系统是生态学理论与管理学实践结合后提出的新思想。将生态系统理论与创业实践相结合,表明创业生态系统理论更加注重系统内"物种"(创业相关主体)之间的互动和交流,以及创业环境对系统内"物种"的影响[44]。对于创业生态系统的概念界定,项国鹏等(2016)在总结前人研究成果的基础上认为,它是以创业者为核心,同时包含了多种类型的其他创业相关主体(如大学、科研机构、风险投资机构、政府政策等)的综合系统,其最终目的在于提升创业者创业质量,促进区域发展[45]。

由于传统意义上的创业生态系统是一个宏观层面的概念,其运行需要不同要素进行组合、协同和融合,才能实现创业生态系统的真正作用。因此,前人在提出了创业生态系统这一概念后,更多地将研究侧重点集中在创业生态系统的要素构成方面，他们希望通过整合更多适配性要素来构建一个自组织运行的生态系统，如蔡莉等（2016）和项国鹏、宁鹏、罗兴武（2016）等的相关综述性研究即可说明上述研究侧重点[44]。因此，本书对于创业生态系统的文献回顾也侧重于要素构成方面。前人代表性研究成果如表1.1所示。

表1.1 创业生态系统相关研究

代表性研究	研究结论
Neck、Meyer 和 Cohen 等（2004）[46]	A：非正式关系。代表着创业者的朋友、家人、同行以及和相似公司的非正式关系 B：正式关系。正式关系主要是指在经济社区中多元化的主体群
Cohen（2006）[47]	①研究型大学。包括培养知识渊博的毕业生、有能力的创业者、熟知创业的公民和消费者 ②政府。包括培育好的创业气氛、税率、激励、补贴和资助等其他形式的积极财政支持、在许可证方面取消官僚主义的繁文缛节 ③专业和支持性服务。包括企业税收、法律支持和顾问、供应商组织的存在 ④资金来源。包括风险投资、天使投资人等 ⑤人才库。包括吸引高质量的雇员，地区本身培养的高质量人才和雇员 ⑥大企业。包括当地员工技能培训、大企业离职员工创业、基础技术的积累 ⑦技术园区。包括分享会议室、办公空间、与专业顾问和投资人的沟通平台、其他支持服务 ⑧基础设施。包括房地产的可用性和相对成本，传统的和可替代的交通效率 ⑨文化因素。广义而言，包括区域的自然景观和气候、集体利益、区域公民文化程度和社区的集体精神
Isenberg（2011）[48]	①有益的文化。包括创业者的社会地位、对风险错误的容忍程度、创新创业氛围、（地区）国际声誉、投资者的财富创造等方面 ②授权的政策和领导。包括社会合法性、明确的支持、机构（投资、支持机构）、财政支持（研发、启动基金）、监管框架激励等 ③资金。包括小微贷款、天使投资、风险资本、私募股权等投资机构 ④支持。包括基础设施支持，如能源、交通、通信、产业、孵化中心等，专业支持包括财务、法律、投资银行、技术人才，非政府机构支持包括创业者支持协会、创业计划大赛、创业者交流大会等 ⑤人力资本。包括熟练和非熟练的劳动力、连续创业者、一般学历教育机构、特殊创业教育机构 ⑥市场。包括早期产品或概念的接受者、将概念产品化的专业人才、早期评论者、扩散渠道、创业者社交网络、海外关系以及多元合作等

续表

代表性研究	研究结论
Suresh 和 Ramraj（2012）[49]	以印度为研究对象,研究创业环境（创业生态系统）对创业成功的影响。结论认为： ①精神支持。包括创业者家庭、亲属、朋友和社会的支持 ②资金支持。包括来自直系亲属、银行、风险投资家、亲友、教育机构、天使投资者、资本市场、政府机构和供应商的信贷等 ③网络支持。包括企业家协会、政府创业网络、工业企业联盟,其他还包括特殊的行业协会、校友会、在线社交网络、供应商和分销商网络等 ④政府支持。包括中小型企业集群、微型企业教育项目、激励制度、孵化中心、基础设施、奖励和法定程序等 ⑤技术支持。政府资助的孵化中心、研究型大学、当地的人才库、引进技术 ⑥市场支持,主要是指市场机遇,包括政府和贸易协会的报告、供应链支持、忠诚的消费者、贸易展览等 ⑦社会支持。行业协会奖励、接受失败风险、媒体曝光、对创业者和创业行为的尊重 ⑧环境支持。自然资源和气候条件等
Foster 和 Shimizu（2013）[50]	①开放的市场,包括在本地和外部市场都需要大企业、中小企业以及政府作为消费者 ②人力资本/劳动力。包括管理人才、技术人才、创业公司经验、外包的可用性、移民劳动力 ③融资和金融。包括朋友和家人资金支持、天使投资人、私募股权、风险资本、债券市场准入 ④支撑体系。包括创业导师、专业服务、创业孵化器/加速器、创业群网络 ⑤监管框架和基础设施。制度层面的创业方向化、税收激励、商业友好政策、水、电、交通、通信等基础设施 ⑥教育和培训。包括大学阶段的技能培训和针对创业的特殊教育等 ⑦作为催化剂的大学。大学的主要作用包括三个方面：为创业公司提供人才、为创业公司的创意形成提供帮助、形成尊重创业的文化 ⑧文化支持。包括失败和风险的容忍度、自谋职业/个体经营偏好、成功创业示范、科研文化、创业的正面形象、颂扬创新
汪忠、廖宇、吴琳（2014）[51]	社会创业生态系统的构成要素包括：主导企业、政府部门、非营利组织、商业企业、其他社会企业或社会创业组织、科研院所、媒体机构和中介服务机构
杨勇、王志杰（2014）[52]	①在位企业。提供创业人员、科技创新产品、新技术、经验知识、技术员工 ②地方政府。指定创业政策、协调各方利益、提供资金支持 ③大学及科研机构。提供创意、新思想和技术；培育创业者和优秀员工 ④科技中介组织。促进技术创新和科技成果产业化 ⑤金融机构。风险投资、天使投资基金、私募基金等 ⑥科技创业企业。系统内核心种群
吴伟、陈仲常、黄玮（2016）[53]	国家层面创业生态系统要素包括：收税、创业政策、创业教育、创业辅助项目、金融发展、基础设施水平、科研转化、市场状况、创业文化集社会规范

续表

代表性研究	研究结论
马鸿佳、宋春华、毕强（2016）[54]	①政策领域。包括明确的政策支持和倡导、创业立法、创业政策、监管激励政策等方面 ②文化方面。成功的案例、社会规范、创业者社会地位、鼓励创新、财富创造、驱动和激励 ③金融领域。风险投资基金、私募股权、天使投资人等 ④支持领域。基础设施；专业支持；非政府机构支持 ⑤劳动力领域。熟练工人，教育培训机构 ⑥市场。早期产品开发者、接受者、评论者和媒体扩散；创业网络和海外公司

前人对于创业生态系统的研究主要呈现三个特点：第一，前人对于创业生态系统的研究，主要从宏观层面出发，从区域和国家层面看待创业生态系统。由此导致第二个研究特点的存在。第二，对创业生态系统中要素的构成，主要从线下层面角度出发。如创业教育主要依赖于创业教育机构、大学、孵化器等，对创业资金的主要来源更多地着眼于风险投资机构和天使投资人，而并未关注众筹等新型融资渠道和平台。第三，整体而言，国内外学者关于创业生态系统的构成要素具备相似观点，他们都认同创业生态系统中需要有政府、金融机构、研究型大学、人力资本、创业服务机构等组织的存在。

1.2.4 国内外文献综述简析

现代众筹出现的时间虽然较晚，但由于其创新的商业模式和积极的社会效应，吸引了众多学者的目光。如前所述，前人对众筹的概念界定、主要运营模式、众筹项目融资绩效、众筹发起人和支持者参与众筹影响因素等相关问题进行了积极有益的研究和探索，丰富了众筹学术研究，为下一步的学术研究打下了坚实的基础。但是，由于众筹出现时间较晚，相关的学术研究成果尚没有完全覆盖众筹实践的所有领域，部分研究问题仍有待进一步深入分析。现阶段，众筹学术研究仍然有以下值得进一步拓展和深入的方向和问题：

（1）众筹在发展过程中已经与其他创业支持主体建立了丰富的联系，形成了众筹平台生态系统,对这一现象,鲜有学者进行关注和研究。众筹模式传入我国后,形成了自身独特的发展模式,又恰逢政府大力号召"大众创业、万众创新",众筹平台除了能帮助创业者筹资外,还努力为创业者提供了更多的其他创业资源。众筹平台与其他创业支持主体之间的合作网络形成了独特的众筹平台生态系统。而对众筹平台的这一独特发展模式,鲜有学者对此关注和研究。

(2)缺乏对众筹支持者分享行为和持续参与众筹行为的研究。现阶段,国内外学者对于众筹支持者行为研究主要集中在投资行为上,而实际上,除了投资行为之外,众筹支持者的项目分享行为以及持续参与众筹行为等都有助于众筹项目和众筹平台扩大影响力,促进项目和平台成功。而对于支持者的分享行为以及持续参与众筹行为,现阶段的众筹研究中鲜有涉及。

(3)对基于项目类型的众筹项目的融资绩效缺乏进一步的深入研究。现阶段,国内外学者对于众筹项目的融资绩效往往没有对项目类型进行区分,因此得到的相关结论可能并不适用于某一特定类型的众筹项目,而实际上,不同类型的众筹项目在融资绩效方面会有显著差异,因此,为了得到具有普适性的众筹项目融资绩效影响因素,需要根据众筹项目类型进行区分研究。

1.3 研究内容与结构安排

1.3.1 研究内容

本书的研究主题是众筹平台生态系统及关键主体行为研究。这其中包含了众筹平台生态系统、关键主体两个研究对象。其中,关键主体主要包括项目支持者和项目发起人。本书的研究内容主要包括以下部分:

(1) 众筹平台生态系统研究。这一研究内容针对众筹平台、平台合作者以及它们之间的合作网络。现阶段，我国的众筹平台有不同的背景、发展模式和发展特点，相应地，它们的合作方也明显不同。由此，不同的众筹平台基于自身的发展基础，以及创业者资源需求形成了不同的众筹平台生态系统发展模式。这一研究内容将从创业视角出发，研究不同类型的众筹平台生态系统。这一部分研究内容的创新之处在于较早地提出了众筹生态系统，这是前人学术研究中所未曾涉及的问题，是对众筹学术研究一个积极的推动和扩展。

(2) 奖励众筹支持者投资行为研究。在这一研究内容中，把支持者划分为三种角色：投资者、消费者和社会人。针对不同的角色，提炼出不同的投资动机。除此之外，进一步考察发起人能力和从众效应对支持者的投资行为的影响。这一部分研究内容将角色理论应用到众筹领域，为众筹支持者的行为心理研究提供了新的理论解释，是一个积极的创新之处。

(3) 奖励众筹支持者的项目分享行为研究。众筹项目分享行为是将众筹项目链接分享到社交网络中的行为，因此，支持者的分享行为受到众筹平台和社会网络平台的共同影响。对这一研究内容，本书将进行跨平台分析，探究影响支持者项目分享行为的关键因素。这一部分研究内容聚焦前人鲜有关注的众筹分享行为，扩展了众筹研究范围，丰富了众筹研究内容，加深了我们对众筹支持者的行为心理认知和理解。

(4) 奖励众筹支持者的持续参与行为研究。众筹平台要发展，需要大量的用户群体作为支撑，用户的持续参与行为表明了用户对于众筹以及众筹平台的认可，对众筹用户持续参与行为的研究，有助于我们加深对众筹用户行为和心理模式的认知。这一部分研究内容首先关注了众筹支持者的持续参与行为，并验证了期望确认理论在该领域的适用性，扩展和创新了众筹学术研究。

(5) 从发起人行为视角研究影响众筹项目融资绩效的关键因素。发起人的行为对项目融资绩效有重要影响。这一研究内容从发起人视角研究影响众筹项目融资绩效的关键因素。这一部分研究内容关注了发起者的发起项目经历和支持项目经历对现阶段项目融资绩效的影响,这是前人研究未涉及的变量。这一研究对众筹学术研究有积极的推动作用。

1.3.2 结构安排

依据本书的研究内容,本书将分为七章展开论述,每章的具体内容如下:

第1章,绪论。首先,阐明众筹产生的背景,以及现阶段我国众筹产业的发展现状和发展趋势,包括众筹生态系统发展趋势。以问题为基础,阐述本书的目的和意义。其次,进行文献梳理、归纳和总结。最后,论述本书的研究内容以及研究方法,阐明文章结构以及技术路线图。

第2章,众筹平台生态系统研究。本章采用的研究方法是案例研究。以国内的真实众筹平台为案例,研究和分析国内众筹平台及其生态系统构建和发展模式。在此基础上,推演出众筹生态系统的基本发展模式和发展动力机制。

第3章,众筹支持者项目投资行为研究。以动机理论为基础,提出奖励众筹支持者的三重角色动机,包括社会人角色(亲社会心理动机)、经济人角色(投机动机)以及消费者角色(独特性产品需求动机)。在三重角色动机分析的基础上,进一步研究项目发起人能力以及从众因素对于支持者投资行为意愿的影响。

第4章,众筹支持者项目分享行为研究。众筹平台的分享行为往往是跨平台的,需要用户从众筹平台跨越到社交网络平台,因此,研究用户的众筹分享意愿需要从两个平台进行分析。本书以动机理论为基础,从众筹平台和社交网络平台提炼出支持者的分享动机以及其他相关影响因素。

第5章,众筹支持者持续参与行为研究。支持者愿意持续参与到众筹中来,说明用户的众筹期望得到了相当程度的确认。本章研究内容以期望确认理论为基础,进一步考察了用户个体特质因素(财务风险容忍度、消费者创新性特质)和用户众筹体验对于其众筹持续参与意愿的影响。

第6章，众筹发起者行为对项目融资绩效影响研究。对这一问题的研究，在考虑前人研究变量的基础上，进一步考察了发起人发起项目数量和曾经支持项目数量对当下项目融资绩效的影响。同时，根据不同项目类型，进行了分类研究。本章的研究内容能为项目发起人行为决策提供有益的借鉴。

第7章，结论。

1.4 研究方法及技术路线

1.4.1 研究方法

（1）文献研究方法。总结国内外众筹领域以及创业生态系统领域相关研究成果，增强对研究问题的认知。这能够使本书在前人研究基础上，进一步推进和深化众筹核心主体行为研究、众筹融资绩效研究、众筹平台生态系统研究以及新型创业生态系统研究。

（2）实证研究方法。本书的研究问题中包含了众筹用户投资行为、项目分享行为和持续参与众筹行为三方面内容。对于这三个研究问题，本书采用实证研究方法。首先，从研究问题出发，回顾和总结前人相关的研究文献，提出相关研究假设。其次，为了验证研究假设，这三个研究内容都采用了调查问卷方式收集数据。最后，通过实证分析，验证相关假设。在这三部分内容中采用了实证研究的方法。

（3）定量研究方法。在研究中，主要从项目发起人视角研究项目融资绩效。这一部分研究采用爬虫软件抓取Kickstarter平台数据，然后通过Stata软件进行定量回归分析。这一部分内容采用的研究方法是定量分析方法。

（4）案例研究方法。本书的研究内容中包含的众筹平台生态系统是通过案例研究进行的。由于众筹平台生态系统研究缺乏相关的理论支持和借鉴，而案例研究是发展理论的重要手段之一，因此，对这一部分的研究内容，本书采用案例研究方法。

1.4.2 技术路线

图1.4给出了本书研究的技术路线。针对各个章节，表明不同章节的研究范围。

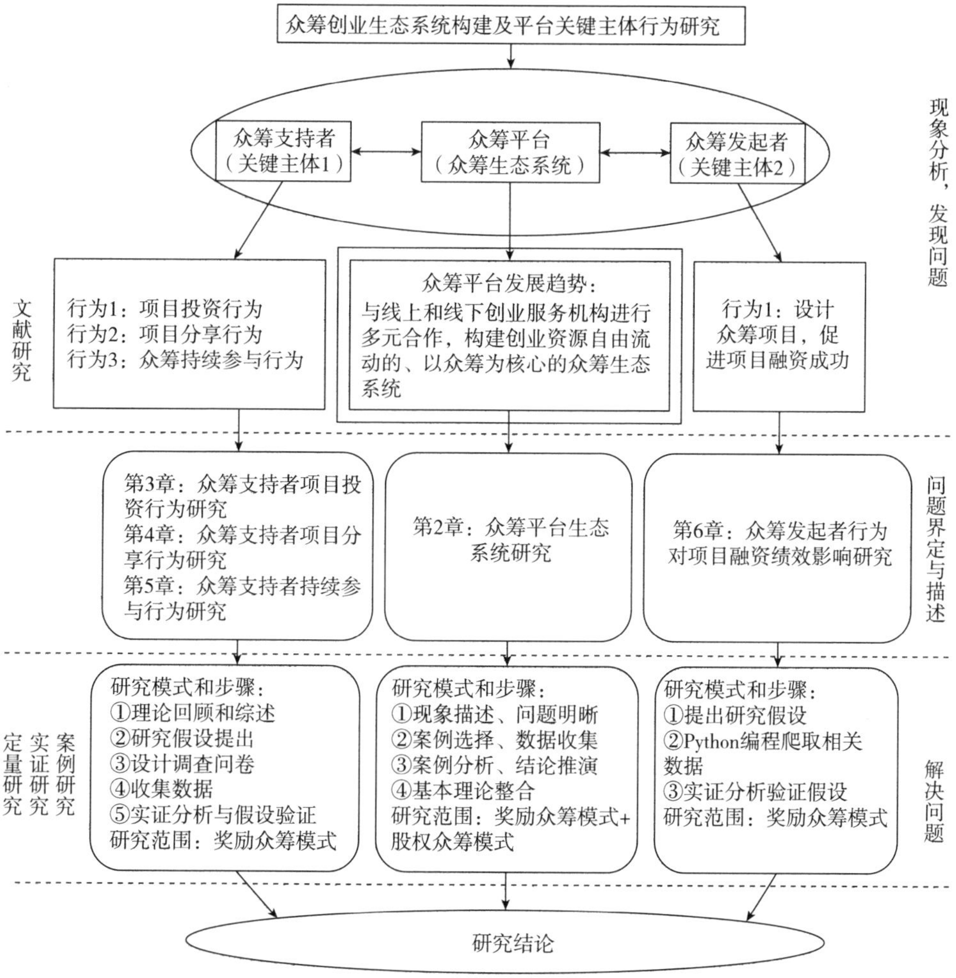

图1.4 技术路线

第2章主要研究众筹平台生态系统,研究范围设定在股权众筹和奖励众筹模式下,采用案例研究的方法。

第3至第5章研究众筹支持者的行为,主要采用调查问卷收集相关数据,通过实证数据验证相关研究假设的方式进行研究。这三部分研究主要在奖励众筹模式下进行。

第6章主要研究众筹发起者的行为对项目融资绩效的影响,主要采用了客观数据进行实证分析,这一研究也是在奖励众筹模式下进行。

第7章是研究结论。

1.4.3 章节逻辑关系

为了清晰展示出本书不同章节之间的逻辑关系,本小节在技术路线图的基础上,进一步给出了本书核心章节之间的逻辑关系。章节逻辑关系图重在说明不同章节研究问题的来源。

在图1.5中,表明了本书的研究主题,以及对研究主题的内容分解。在本书的研究主题中包含了三个研究对象:众筹支持者、众筹平台和众筹发起者,这三个研究对象同属于众筹,它们共同构成了一个完整的众筹模式。对这三个研究对象分别进行研究,其中,众筹支持者对应三个行为研究包括:项目投资行为、项目分享行为和众筹持续参与行为,对应本书的第3至第5章内容;众筹平台主要研究众筹平台生态系统,对应第2章内容;众筹发起人主要研究发起人视角下项目融资绩效,对应第6章内容。

综上所述,本书的5个章节内容分别对应三个具体的研究对象:众筹平台、众筹支持者和众筹发起者。而三个具体研究对象又是众筹的三个重要组成部分。这是本书不同章节之间的内在逻辑关系。

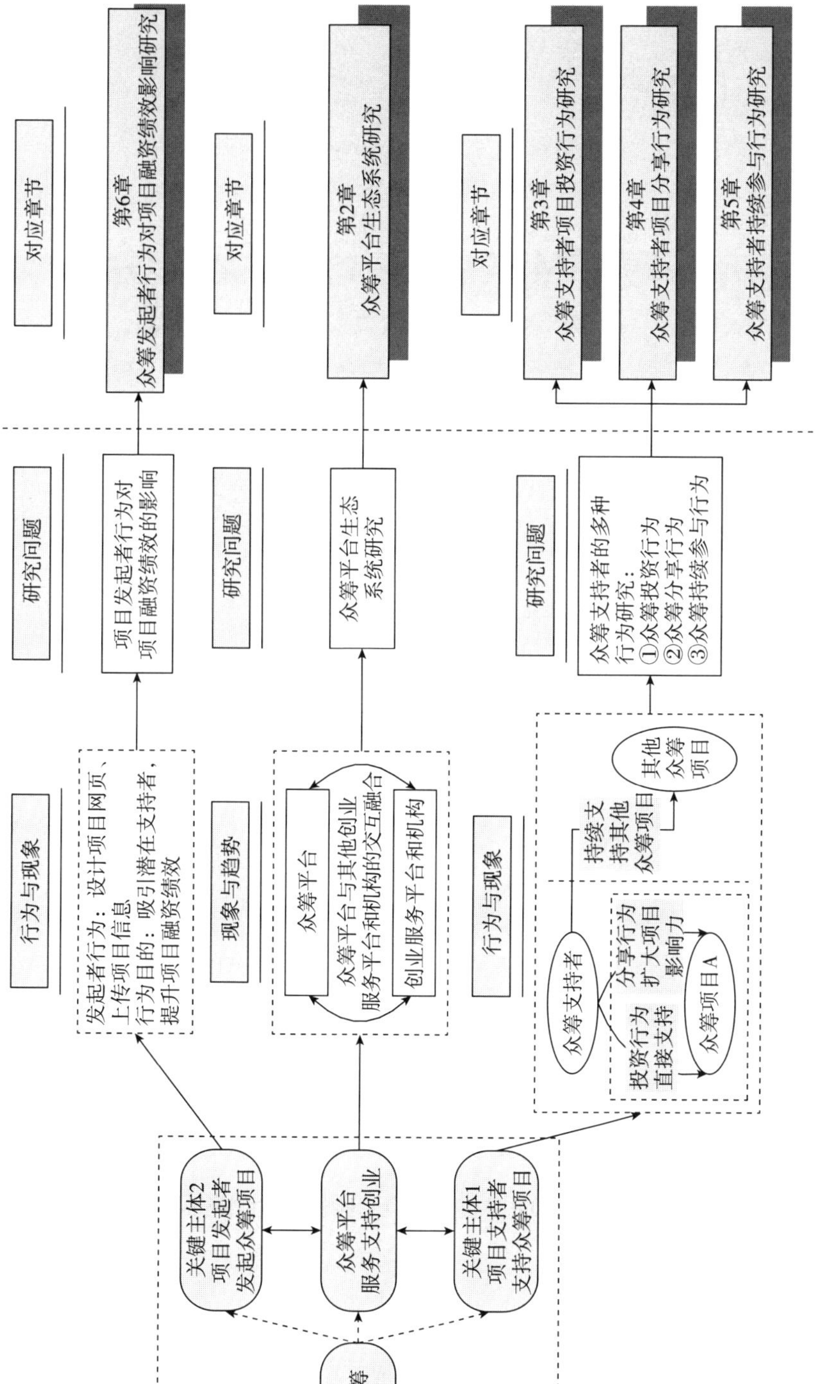
众筹
关键主体2
项目发起者
发起众筹项目
众筹平台
服务支持创业
关键主体1
项目支持者
支持众筹项目
行为与现象
发起者行为：设计项目网页、上传项目信息
行为目的：吸引潜在支持者，提升项目融资绩效
现象与趋势
众筹平台
众筹平台与其他创业服务平台和机构的交互融合
创业服务平台和机构
行为与现象
众筹支持者
投资行为直接支持
分享行为扩大项目影响力
众筹项目A
持续支持其他众筹项目
其他众筹项目
研究问题
项目发起者行为对项目融资绩效的影响
研究问题
众筹平台生态系统研究
研究问题
众筹支持者的多种行为研究：
①众筹投资行为
②众筹分享行为
③众筹持续参与行为
对应章节
第6章
众筹发起者行为对项目融资绩效影响研究
对应章节
第2章
众筹平台生态系统研究
对应章节
第3章
众筹支持者项目投资行为研究
第4章
众筹支持者项目分享行为研究
第5章
众筹支持者持续参与行为研究

图1.5 章节逻辑关系

第 2 章 众筹平台生态系统研究

2.1 问题描述

自 2011 年 7 月点名时间上线以来，众筹在我国经历了将近 7 年的发展时间，同时也面临着严峻的问题。据零壹研究院数据，截至 2016 年 3 月 31 日，我国互联网众筹平台至少已达 399 家，其中 132 家停运、倒闭或转型，约占整体数量的 33.1%[2]。众筹平台在快速发展的同时，也面临着严峻的考验。

优质项目的缺失是众筹平台倒闭的根本原因。目前，我国众筹市场呈现出独特的发展格局，以奖励众筹为例，根据零壹财经的统计数据，2016 年第一季度，奖励众筹累计筹资规模约为 39 亿元，而京东、淘宝双寡头的市场份额约为 70%。大型电商平台将多年积累的海量用户优势，迅速导入众筹平台，吸引了大量的创业项目进驻，客观上压缩了其他平台的生存空间，直接导致了其他众筹平台处于缺项目甚至无项目的尴尬境地。从根本而言，众筹平台缺乏吸引力，平台间的同质化竞争，运营思路单一是众筹平台倒闭的根本原因。

现阶段,我国众筹平台往往将自己定义为创业服务平台,如点名时间的口号是支持创新的力量;京东众筹的口号是创业融资平台,为有梦想,有创意的人服务。创业过程有不同的阶段,Reynolds等将创业阶段划分为创业机会识别期、创业机会开发期、新企业成长期以及企业稳定期[55]。不同的创业阶段,创业者和创业企业都需要不同的创业资源支持。现阶段,创业资源需求从单纯的融资扩展到品牌推广、产品营销、产业链渠道、人脉等多项资源。众筹承载的创业服务意义变得更加重要,强化众筹生态服务成为众筹平台的大势所趋。

众筹平台生态系统的概念是什么?众筹平台生态系统是以众筹平台为核心,通过众筹平台与多种创新创业资源的主动、被动联系形成有机系统。本书给出了众筹平台生态系统的概念:以众筹平台为核心,同时包含了线上和线下多种类型的其他创业服务主体(如技术平台、创业服务器、众创空间、创业教育平台、风险投资机构等),以及它们之间所建立的多种类型的复杂合作网络共同构成了众筹平台生态系统。

如何构建众筹平台生态系统?众筹是个新生事物,学界对于众筹的研究主要集中在项目发起人、投资人、项目支持者、项目成功因素以及众筹与创业等问题上,对于众筹平台的发展和模式构建尚没有学者进行相关研究。广义而言,众筹仍然属于电子商务,前人对于电子商务生态系统的研究能为本书研究提供有益的借鉴。电商生态系统是一个典型的微观形态的商业生态系统,对于电商生态系统的演化规律,胡岗岚等(2009)认为包括开拓、扩展、协调、进化四个主要阶段[56],而在物种划分方面,现阶段学者们较为认可的划分方式为领导种群、关键种群、支持种群和寄生种群[57]。在物种关系中,学者们基于交易频率提出了电商生态系统的四种共生模式[58]。作为一个生态系统,系统内主体间趋于合作状态和合作策略的收益呈正比关系[59]。国外对于电商生态系统的研究较少,大部分研究主要集中在商业生态系统上。Moore(1993)首先提出了商业生态系统的概念,他从商业生态系统均衡演化的层面,提出了生态系统演化的四个过程:

商业生态系统诞生并初具规模；生态系统吸收和抓取可利用的资源及服务并不断成长；随着商业结构的稳定，共同体内开始争夺领导权和利润，角色和资源进行再分配；为了避免商业生态系统被新系统所替代，系统开始持续更新[60,61]。对于商业生态系统内，不同的物种有不同的职责和角色，Iansiti 和 Levien（2004）提出了商业生态系统内物种（即企业）的划分：核心型企业（Keystone），充当商业生态系统调控者的角色；支配主宰型企业（Dominators），通过纵向或横向一体化来管理和控制某一生态系统；缝隙型企业（Niche Players），着眼于专业化和差异化，利用其他企业提供的关键资源来开展经营活动[62]。

前人关于电商生态系统研究，以及前文中关于创业生态系统回顾研究为本书研究众筹平台生态系统提供了物种划分、系统模式、系统演化以及物种关系方面的借鉴。众筹平台生态系统理论的缺失亟待解决，本书拟解决的核心问题是：众筹平台生态系统的形态、结构、物种关系和演化机理。为解决上述问题，本书通过对8组众筹平台的案例分析，归纳和推演众筹平台生态系统的构建和发展演化规律，以期解决上述研究问题。

2.2 研究设计

2.2.1 研究方法

本书采用多案例研究方法。主要原因在于：①现阶段，众筹平台生态系统缺乏相关理论支持，而案例研究恰恰是进行理论发展的重要研究手段[63-65]；②案例研究从分析到归纳的逻辑思路，更适合研究"如何"的问题，特别是从案例到理论的分析性归纳，本书的研究问题就在于解决如何构建众筹平台生态系统，所以案例研究的方法适合本研究问题[66,67]。综上所述，本书选择案例研究方法。

2.2.2 案例选择

本书的研究视角是创新和创业，故而重点关注的是与创新创业有紧密联系的奖励众筹平台和股权众筹平台，本书暂不关注捐赠众筹和债券众筹平台。

现阶段，我国正常运营的奖励众筹平台和股权众筹平台约有200家，为了研究方便，我们需要从中选择有代表性的平台进行研究。针对众筹产业发展特点和服务模式，本书提出了三个案例选择标准：众筹平台的市场影响力、众筹平台的服务特色和众筹平台的发展态势。

根据零壹财经的众筹行业年报，淘宝众筹、京东众筹和苏宁众筹三个平台的融资额度达到了80%以上，这三个众筹平台在众筹市场中占有极大的比重。同时，由于三个平台都有知名电商企业（淘宝、天猫、京东商城、苏宁易购）作为后盾和支持，影响力巨大，因此，本书选择淘宝众筹、京东众筹和苏宁众筹作为研究案例。

在平台服务特色方面，开始众筹平台带有浓烈的文艺范儿，强调摒弃商业气息，回归众筹的情怀和本源。开始众筹在平台运营方面有强烈的自身特色。同时，开始众筹也是现阶段我国第四大奖励众筹平台（京东、淘宝和苏宁众筹平台排名前三），2017年融资额度达到6.7亿元。这也是本书选择开始众筹作为案例的原因之一。

值得说明的是，根据零壹财经统计数据[2]，淘宝众筹（16.5795亿元）、京东众筹（17.166亿元）、苏宁众筹（9.5209亿元）、开始众筹（6.7094亿元）四个平台2017年总融资金额达到了49.9837亿元，占我国整个奖励众筹平台融资总额（53.1亿元）的94.13%。所以，选择四个众筹平台能够比较全面地代表我国众筹市场。

除了平台影响力以及服务特色之外，本书进一步从平台发展态势选取有代表性的众筹平台作为研究案例。青橘众筹+筹道股权、众筹网+原始会、投壶网和创投圈四组平台都有大型的风险投资机构和金融服务机构作支撑，融资项目来源广泛，且质量较高，同时对项目投资人资质有严格要求。这四组众筹平台具有明显的风险投资属性，整体发展态势较好。因此，这四组众筹平台作为本书的研究案例。

最终，本书选择了以下8组案例：淘宝众筹平台、京东众筹平台、苏宁众筹平台、开始众筹平台、青橘众筹+筹道股权、众筹网+原始会、投壶网和创投圈。

除了本书选择的这8组案例之外，还有其他众筹平台如爱就投、乐童音乐、淘梦网、追梦网等，但这些案例基本可以归纳到上述三个案例选择依据中，如乐童音乐和淘梦网专注于音乐和电影众筹，提供了文化产品运营方面的特殊服务，爱就投股权众筹平台也有风险投资机构支持，小米众筹（第五大众筹平台）平台隶属于北京小米科技有限责任公司，也有类似的大型企业作为后盾和支持。从根本而言，虽然本书只选择了8组众筹平台，但8组众筹平台市场份额大（占奖励众筹平台市场份额的94.13%）、服务有特色、发展态势良好，能够充分代表我国众筹平台发展特色和发展趋势，具备典型的代表性，能够作为典型案例，支撑本章的案例研究问题。

2.2.3 数据收集

本书力求从多种可能的渠道获取真实可靠的案例数据和信息。本书的案例资料和数据来源主要有以下五个途径：

（1）深度访谈，深度访谈了本书研究的部分众筹平台，包括淘宝众筹等平台，对众筹平台的运作和模式进行深入的调研。

（2）已出版众筹书籍资料，本书主要参考了以下书目：《中国国际众筹产业论坛：用众筹连接世界，中国众筹产业地图解读》《2015年众筹服务行业年度报告》《新金融，新生态：互联网金融的框架分析与创新思考》《众筹：互联网+时代的融资新思维》《社交众筹》[68-72]。

(3) 相关众筹、互联网金融、电商以及营销研究机构发布的众筹研究报告（如盈灿咨询、众筹之家、艾瑞咨询、众筹金融研究院、众筹家等）。

(4) 网络新闻报道，涉及主要众筹平台的新闻报道和采访等。

(5) 众筹平台、公司主页、公司年报以及相关宣传资料等。

2.3 案例介绍

2.3.1 淘宝众筹

淘宝众筹是阿里巴巴集团旗下的一个完全免费的奖励众筹平台。它为项目发起人提供包括商务端、技术端、生产端、研发端、推广端的一系列服务。

淘宝众筹在建立之初就快速融入阿里巴巴的商业帝国中。根据淘宝众筹的要求，所有的淘宝众筹项目必须在淘宝或者天猫商城建立线上店铺，以此打开创业项目的营销渠道。同时，蚂蚁金服、支付宝、菜鸟物流、阿里妈妈等模块化的商业功能快速接入众筹端口，帮助众筹发起人建立起支付、物流和营销服务体系。淘宝众筹或者说是阿里集团看到了智能硬件在未来的广阔发展前景，为此，阿里集团专门开辟了阿里小智平台，在众筹平台和其他渠道征集智能生活家居产品，为它们提供专门的营销平台。同时，阿里云专门开发了集成 APP 产品——阿里小智，能够使智能家居产品的智能控制系统直接接入阿里小智 APP，为创业者省去了开发 APP 的环节，同时借助阿里小智展开 APP 营销。为了解决新创智能产品开发团队生产渠道的劣势，阿里集团专门与全球最大的硬件生产商富士康合作开展"淘富成真"计划，为中小型智能产品开发团队提供产品设计改进、生产服务，以保证产品质量。

而阿里巴巴作为淘宝众筹的母公司，也为创业者提供了多样化的创业支持和服务，相关平台包括阿里巴巴创业孵化平台、众筹平台（淘宝众筹、蚂蚁达客）、淘宝大学、阿里学院和阿里智能平台。表2.1给出了上述平台主要提供的创业服务内容。

表2.1　阿里巴巴集团旗下创业服务平台

创业服务平台	服务内容
阿里巴巴创业孵化平台	①阿里大学 开发者课堂（云计算、大数据、数据库等课程） 培训认证（考试认证、客户培训） 人才市场（云计算企业线上招聘会） ②企业孵化 创业扶持——风池计划（投融资对接） 孵化园/园区入驻（阿里巴巴创新工场、优客工场） 淘富成真/淘富成真见面会（与富士康合作提供生产设计服务） ③云溪社区 博客、论坛、直播、问答、活动、频道（创业交流与创业教育） ④合作与生态 蚂蚁金服开放合作 数梦工场合作 阿里云合作 公益扶持、学生扶持 企业小额贷款 产业安全扶持计划 ⑤创业服务（与第三方机构合作） 网站、软件、APP开发（从idea到产品） 人才招聘、网络营销（高速增长阶段） 公司注册、商标注册（公司成立阶段） 客户关系管理系统、客服（初具规模阶段） ⑥创业大学（创业教育服务） ⑦活动大赛 诸神之战（全球创客大赛） 云栖TechDay（大数据、云计算、移动开发、智能制造领域等专家技术分享大会）
淘宝众筹	淘宝众筹：免费的奖励众筹平台（融资服务）
蚂蚁达客	蚂蚁达客：股权众筹平台（融资服务）
淘宝大学	阿里巴巴旗下网络营销培训机构，专业、权威的电商知识库 ①店铺运营②营销引流③店铺视觉④客户服务⑤其他服务
阿里学院	网上学习平台和知识社区 ①阿里学学：网商在线培训②学习创业③职场技能④网络营销⑤安全防骗⑥IT技能⑦学习资讯
阿里智能	①智能产品（产品营销） ②生态联盟（家庭物联网硬件）：智能硬件模组、阿里智能云、阿里智能APP

从表 2.1 可以看出，阿里巴巴旗下创业服务平台主要提供以下类别的创业服务和创业资源：人才和技术培训、人才招聘、投融资服务、孵化器、线下联合办公服务、在线创业教育、在线创业交流、技术和资金扶持计划、线下技术分享、线下创业支持活动、众筹融资、智能硬件联合生产设计、营销推广、在线营销培训、智能硬件终端 APP 接口以及与第三方合作推出的企业服务功能。从整体看，阿里巴巴旗下的创业服务平台提供了从线上到线下、从创业概念到企业成熟发展的全生命周期的创业服务。除此之外，阿里巴巴旗下的创业平台往往都有母公司阿里集团作为支撑，能够实现商业资源的快速对接，容易形成模块化服务，如支付、物流、营销等方面。这样，一条完整的包含资金、设计、生产、销售、支付、物流、推广的商业链条基本搭建完成，创业者在淘宝众筹平台所获取的其他商业资源远远超过了所筹措的创业资金。淘宝众筹平台生态系统如图 2.1 所示。

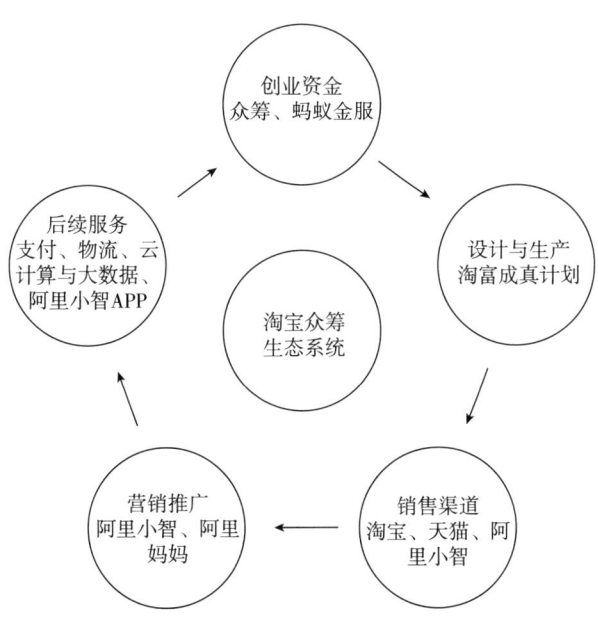

图 2.1　淘宝众筹平台生态系统

2.3.2 京东众筹

京东是中国最大的自营式电商企业,目前,京东集团旗下设有京东商城、京东金融、拍拍网、京东智能、O2O及海外事业部。京东众筹正式成立于2014年7月1日,是京东金融的第五大业务板块。京东众筹包括两种模式:奖励众筹(京东众筹)和股权众筹(京东东家)。

京东众筹同样诞生于电商环境下,物流、支付以及营销渠道都能与京东众筹融合。同时,京东集团也开发了同阿里小智一样的智能硬件产品集成移动端口APP:京东微联。京东微联属于京东智能JD+平台下的产品,该平台还包括其他产品:JD+开放孵化器(京东旗下智能硬件创业孵化器)、JD+设计(智能硬件产品设计解决方案)、JD+供应链平台(智能硬件优质供应链服务)。

除此之外,京东众筹还推出了众创生态圈,覆盖了京东资源(京东金融、京东到家、京东商城等)、投资(京东众创基金、雏鹰计划)、全产业链服务(赴筹者联盟、B2B平台)、培训(京东众创学院、小众班)等体系,形成一站式创业创新服务平台,京东旗下主要创业服务平台和内容如表2.2所示。

表2.2 京东集团旗下创业服务平台

创业服务平台/项目	服务内容
JD智能+	①JD+开放孵化器(京东旗下智能硬件创业孵化器) 智能硬件营销服务 创业空间(提供行业交流、产品展示及项目路演服务) 资源对接(便捷对接供应链、工业设计、京东众筹、采销等资源) ②JD+设计(智能硬件产品设计解决方案) 用户体验设计(用户研究报告、产品定义文档、视觉设计文档) 工业设计(设计研究报告、外观设计提案、手板制作文档、外观手板实物、生产用标准文档) ③JD+供应链平台(智能硬件优质供应链服务,帮助初创企业提供量产解决方法) ④JD+首发(智能硬件营销) ⑤京东微联(智能硬件终端控制APP)

续表

创业服务平台/项目	服务内容
众筹平台	①京东众筹（奖励众筹平台） ②京东东家（股权众筹平台）
众创生态圈	①京东资源（京东金融、京东物流、商城营销、大数据支持、品牌塑造等） ②投资（京东众创基金、京东创投、雏鹰计划） ③全产业链服务（赶筹者联盟、B2B平台） ④创业教育（京东众创学院、小众班）

整体而言，京东旗下的创业支持平台主要面向智能硬件产品。在服务内容上，主要包括产品设计、生产（供应链对接）、营销与品牌推广、智能终端控制系统、融资（众筹、线下路演）、创业教育等方面。与阿里巴巴创业支持平台的服务内容相比，京东平台的创业服务内容指向性更加明显，同时也能够提供相对全生命周期创业服务。京东众筹众创生态圈如图2.2所示。

2.3.3 苏宁众筹

苏宁众筹成立于2015年4月16日，包括奖励众筹、股权众筹和公益众筹三大模式。苏宁众筹是苏宁云商旗下众筹平台，苏宁云商集团有线下实体门店1600多家，线上苏宁易购位居国内B2C前三。苏宁众筹同样拥有电商背景。

依靠1600多家线下门店，苏宁众筹开创了众筹O2O模式。苏宁遍布全国的1600家门店，能够帮助消费者与众筹项目和产品建立亲身体验的机会，线下门店展示和体验是众筹O2O模式的重要优势。

苏宁易购作为苏宁集团的在线B2C平台，同样积累了大量的消费群体。苏宁集团旗下其他商业模块如支付手段（易付宝）、广告营销（易通天下）、金融（苏宁金融，包括众筹、保险、投资理财、企业贷款等）、物流（苏宁快递）等也都能快速地和苏宁众筹进行资源和功能对接。苏宁还有一个重要的资源就是众包服务，苏宁众包在前，众筹在后，众筹与众包共同发展也是苏宁众筹的一大特色。

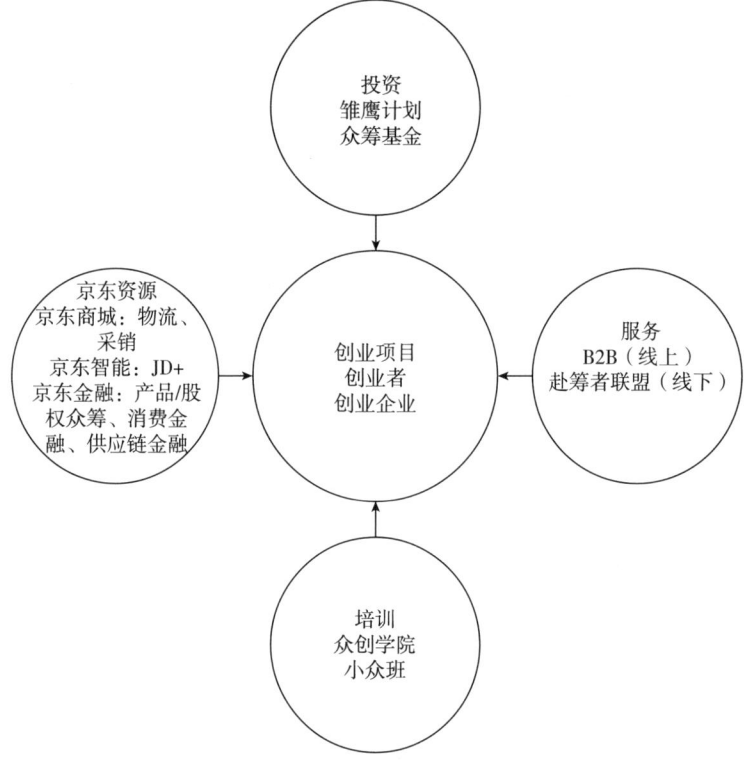

图 2.2 京东众筹众创生态圈

资料来源：改编自《2015 中国互联网众筹年度报告》。

苏宁根据自身商业资源，最终提出了苏宁众筹 3.0 模式：云平台、大流量、大数据、用户需求、个性化、精准定位、O2O 体验（见图 2.3）。

2.3.4 青橘众筹和筹道股权

青橘众筹（原名中国梦网，2014 年 10 月启用新名称青橘众筹）于 2013 年 10 月 8 日正式上线，筹道股权是以科技创新类为主导的股权融资平台，于 2015 年 1 月正式上线，青橘众筹和筹道股权同属于上海众牛互联网金融信息服务有限公司。

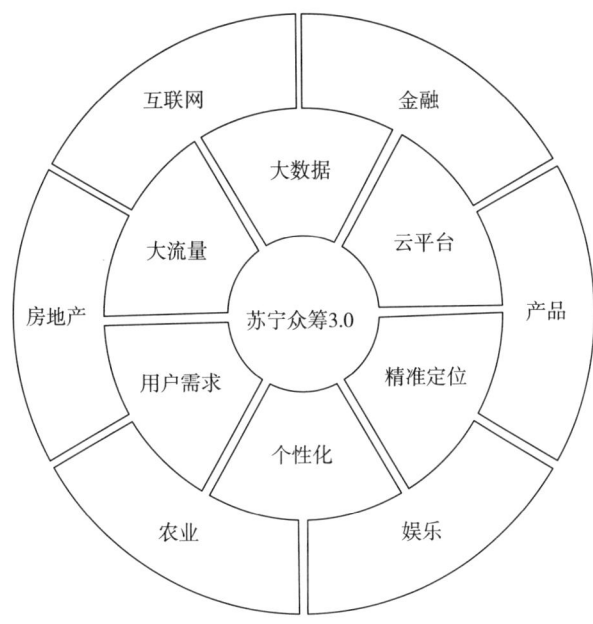

图 2.3 苏宁众筹 3.0 模式

资料来源:《用众筹,连接世界:中国众筹产业解读》。

青橘众筹有明显的特色:

(1) 与其他机构合作开辟特色众筹专区。如青橘众筹与鸣新坊合作开辟的鸣新坊众筹专区等。鸣新坊是国内知名的创业联合办公基地和天使投资机构。专注于孵化和投资 TMT 领域内的早期创业团队,包括但不限于:移动互联网、电子商务、游戏、云技术、社交网络、工具、新媒体以及互联网相结合的其他领域。

(2) 众筹项目免费。

(3) 项目筛选机制严格。青橘众筹对项目筛选比较严格,根据零壹财经的估算,截至 2015 年 6 月,青橘众筹收到项目申请 1500~2000 个,实际上线的项目仅 450 个。

2015 年 5 月,筹道股权在行业中第一个宣布免费模式,9 月,筹道宣布首次建设股权融资"蜂巢体系",联合锦天城、德勤、大成、国浩等多家法律、财会、营销服务机构,为股权融资的创新企业提供全方位的支持,打造全方位的股权融资产业链。

筹道股权的推出基于移动微信、PC视频和线下路演同步的"三屏路演"形式;另一个特色在于"蜂巢服务体系",引入百家专业服务机构,为小微企业融资服务提供可靠资源。筹道股权植根于互联网公司,是一个典型的FA (Finance Advisor)型平台,其发展目的在于为投融资双方提供对称、可靠、全面的信息,实现双方对接效率。

青橘众筹首家提出递进式众筹模式,递进式众筹是基于互联网思维,利用大数据的分析能力将产品和项目众筹先在青橘众筹平台进行用户和市场检验,然后筛选优秀众筹项目推送到筹道股权众筹平台,吸引投资人和投资机构。

2.3.5 众筹网和原始会

众筹网隶属于网信集团,于2013年2月正式上线。网信集团旗下的奇点加速器和众筹网、原始会共同构成了网信集团的互联网+创投平台。

2013年12月,网信集团旗下独立股权众筹平台"原始会"上线,除了进行投资人和创业人服务之外,原始会母公司网信集团于2015年2月成立了"原始人基金",领投原始会项目。原始会产生于一个互联网金融环境中,带有明显的金融投资属性,属于典型的PE (Private Equity)型众筹平台,其成立的目的在于为PE和VC机构提供投资项目,吸引第三方投资,提升投资效率等。原始会要求投融资双方尽可能多地披露详细完整准确的信息,对投资人提供标签式项目搜索服务以及线下一对多,甚至一对一路演和项目推荐。除此之外,原始会的线下服务还包括项目宣传、创业辅导、财务顾问、融资培训和投资人教育等。原始会为了给投资者提供退出服务,通过与天津股权交易所等机构的合作,实现股权转让。原始会认为,投资人的人脉资源对于创业者而言非常重要,所以在原始会平台添加了社交元素。

2.3.6 投壶网

投壶网是由国内知名的投资公司和业内明星投资人共同发起设立,是一家以医药健康领域为主要关注领域的股权众筹平台。相对于其他平台而言,投壶网的项目数量较少,预热项目、正在融资项目和已完成项目共有 11 个,但整体融资额度较高,已成功的 4 个项目平均融资额度为 4268.75 万。

"精英投资理念"和"服务投资人"是投壶网的商业逻辑,所以,投壶网对合格投资人设定了较高的门槛限制。投壶网仅向投资人收费,而且只在投资人获得投资回报时才收取相关费用。

投壶网的项目来源渠道包括与专业创投机构共同筛选、各类孵化器、优秀创赛项目和海外引进项目等。现在与投壶网达成项目输送合作的 PE 机构有同创伟业、君盛投资、高特佳投资集团等。

投壶网是一个典型的 PE 型股权众筹平台,其精英团队大多有私募股权行业和并购的丰富经验。投壶网执行了很多投资机构的职能,对项目进行"募投管退"的全方面跟进,监管和资源支持并举。

2.3.7 开始众筹

开始众筹于 2014 年 12 月正式上线,从上线一开始就喊出了要成为"中国最好的生活风格型众筹平台"的口号。从整体看,开始众筹偏向于"轻众筹",带有浓烈的文艺范儿。在网页显赫位置,有明显的文艺化语言设置,如"这就是你报复平庸的方式""开始你的故事""慎始敬终,支持一切有趣好玩的个性创意生产"等主题语和宣传话语。这种风格迥异的平台设计和运营理念,使开始众筹形成了自己特殊的文艺众筹风格,从而实现了开始众筹平台的"差异化"竞争优势。

由于对理想、故事的追求,商业化太强的项目并不是开始众筹喜欢的类型。

或者即便是商业化的项目，也要求发起人去挖掘情怀和故事性的内容。

2.3.8 创投圈

创投圈隶属于北京海蓝创景投资咨询有限公司，成立于 2011 年 6 月，由天使人徐小平、李开复、雷军等和创新工场共同投资。创投圈定位于天使轮的项目，主要投资方向是移动互联网、共享经济、互联网金融、智能硬件等领域。2013 年 1 月 27 日，创投圈旗下网站创业谱正式上线，创业谱网站定位于早期创投行业数据库。2014 年 7 月创投圈旗下自由基金——拓璞基金成立，专注合投和众筹模式的探索。

创投圈是一个免费的开放平台。网站认证的投资人都可以自由约谈，进行投资。此外，创投圈还和众多的投资机构有合作关系，国内知名的机构会为平台推荐平台。创投圈的投资经理负责对项目进行尽职调查，保证项目合理的估值和定价，使投资收益最大化同时降低投资风险。

在创投圈，创业者可以获得商业方案模板服务以及项目推荐和线下创投交流活动，投资人可以获得项目推荐、项目合投以及与创业者交流等服务。创投圈为了增进投融资双方的交流，推出了"挑战路演"和"天使晚宴"活动。

整体来看，创投圈是一个典型的 PE 型股权众筹平台，旗下拓璞基金"领投＋跟投"模式，将平台与其他跟投人利益实现绑定，容易获取投资人的信任。

2.4 众筹平台生态系统类型划分

在我们完成 8 组案例资料收集之后，本书按照自身的调研和信息收集感知，列出 8 组案例的主要特点：平台规模、平台属性、平台特色服务项目、平台主要

第 2 章 众筹平台生态系统研究

生态主体。在完成对 8 组案例的主要特点分析之后,本书发现其中有三种典型的众筹平台类型:平台类型中相关的生态主体较多,主体关系多样但联系较为松散;平台类型中生态主体较少,关系较为紧密;平台类型生态主体单一,但关系最为紧密。对 8 组平台的详细分析如表 2.3 所示。最终,我们归纳出了三种不同的众筹平台生态系统:融合型众筹平台生态系统、交叉型众筹平台生态系统和独立型众筹平台生态系统。本书将以此为基础,进一步深刻阐述三种众筹平台生态系统的形成与演化规律。

表 2.3 8 组众筹平台对比

平台	生物主体	物种数量（个）	物种关系
淘宝众筹	蚂蚁金服（支付、理财）、菜鸟物流、淘宝、天猫、淘宝大学（电商服务）、阿里小智（平台+APP）、阿里妈妈（广告营销）、淘富成真计划：（富士康）、阿里云、淘宝众筹、项目发起人、投资者/消费者	11	比较松散
京东众筹	京东商城、京东物流、京东服务（电商服务）、京东钱包、京东东家：（白条、保险、股票）、京东众创、京东智能、京东金融（京东众筹/东家）、项目发起人、投资者/消费者	10	比较松散
苏宁众筹	苏宁易购（电商）、易付宝（支付）、易通天下（广告营销）、苏宁快递（物流）、苏宁金融：（众筹、保险、理财等）、苏宁众包、众筹O2O、苏宁云台（电商服务、大数据）、项目发起人、投资者/消费者	10	比较松散
青橘众筹+筹道股权	投资型消费者/投资人/投资机构、奖励众筹平台（青橘众筹）、众筹项目发起人、股权众筹平台（筹道股权）、第三方合作机构	5	比较紧密
众筹网+原始会	投资型消费者/投资人/投资机构、奖励众筹平台（青橘众筹）、众筹项目发起人、股权众筹平台（筹道股权）、第三方合作机构、奇点加速器	6	比较紧密
投壶网	创业者、投壶网、投资人/投资机构	3	紧密
开始众筹	项目发起人、开始众筹、投资型消费者	3	紧密
创投圈	创业者、创投圈、注册投资人/投资机构	3	紧密

2.4.1 融合型众筹平台生态系统

2.4.1.1 平台对比

三个众筹平台对比分析如表 2.4 所示。从中可以看出，电商商业生态系统中本身就已经存在着较为完善的商业基础模块。同时，不同的众筹平台有不同的特色，淘宝众筹项目完全免费，不收取任何佣金和手续费等；京东众筹聚焦三个领域（电商、金融和技术），创业支持服务较多；苏宁众筹开辟了众筹 O2O 模式，对产品已初步成型的众筹项目而言，具备较强吸引力。

表 2.4 平台对比分析

平台对比	淘宝众筹	京东众筹	苏宁众筹
商业集团	阿里巴巴	京东集团	苏宁云商股份有限公司
商业模块	支付模块、物流模块、金融模块、销售模块、营销推广模块、设计与生产模块、大数据与云服务模块	支付模块、物流模块、金融模块、销售模块、创业投资模块、创业培训模块	支付模块、物流模块、金融模块、销售模块、营销推广模块、众包模块、O2O 模块、大数据与云服务模块
商业主体/生态物种	①蚂蚁金服（支付、理财）②菜鸟物流③淘宝，天猫④淘宝大学（电商服务）⑤阿里小智（平台＋APP）⑥阿里妈妈（广告营销）⑦淘富成真计划：富士康⑧阿里云⑨淘宝众筹⑩项目发起人⑪投资者/消费者	①京东商城②京东物流③京东服务（电商服务）④京东钱包（支付）⑤京东东家：（白条、保险、股票）⑥京东众创⑦京东智能⑧京东金融：（京东众筹/东家）⑨项目发起人⑩投资者/消费者	①苏宁易购（电商）②易付宝（支付）③易通天下（广告营销）④苏宁快递（物流）⑤苏宁金融：众筹、保险、理财等⑥苏宁众包⑦O2O：线下门店⑧苏宁云台（电商服务、大数据）⑨项目发起人⑩投资者/消费者
众筹特色	众筹项目完全免费；对接阿里商业资源；海量潜在消费群体	创业支持服务较多；海量潜在消费群体	众筹 O2O，成型项目更愿意入驻苏宁众筹；海量潜在消费群体；众筹与众包共同发展

续表

平台对比	淘宝众筹	京东众筹	苏宁众筹
线上平台/项目	技术培训 在线创业教育 在线创业交流 众筹融资 营销推广 在线营销培训 智能硬件终端APP接口	营销与品牌推广 智能终端控制系统 众筹融资	营销推广 众筹融资 众包服务
线下活动/项目	投融资服务 孵化器 办公空间 技术和资金扶持计划 线下技术分享 线下创业支持活动 智能硬件联合生产设计	创业空间（交流、路演） 供应链资源对接 创业教育	线下门店营销推广

2.4.1.2 众筹平台生态系统物种关系

在自然界中，物种之间存在三种属性的关系——消极关系：捕食、竞争、寄生、偏害；中性关系：中性；积极关系：偏利、互利、共生。表2.5给出了物种间关系的生物学解释。

表2.5 物种关系生物学解释

关系属性	物种关系	生物学解释
消极关系	竞争	当两个或两个以上物种共同利用同一资源而受到干扰或抑制时
	捕食	捕食是指某种生物消耗另一种其他生物活体的全部或部分身体，直接获得营养以维持自己生命的现象，前者称为捕食者，后者称为猎物
	寄生	一种生物从另一种生物的体液、组织或已消化物质中获取营养，并造成对该生物的危害
	偏害	当两种物种在一起时，由于一个物种的存在，可以对另一物种起抑制作用，而自身却无影响
中性关系	中性	物种之间没有作用，物种之间的组合在于利用不同的空间和资源，彼此不受影响
积极关系	偏利	种间相互作用对一方没有影响，而对另一方有益
	互利	两物种长期共同生活在一起，彼此互相依赖，相互共存，双方获利
	共生	两物种共居一起，相互依赖，相互依存，一旦分离，双方都不能正常地生活

本书根据表2.5中界定的物种间关系分析众筹平台生态系统中物种关系。众筹平台与其他物种间关系如表2.6所示，表中英文字母表示表2.4中的物种。通过表2.6可以看出，众筹与电商商业生态系统中的主要物种之间存在着非消极物种关系，其中主要以互利关系为主。这种互利关系和间接互利关系都表明众筹能够较好地融入原有商业生态系统中。

表 2.6　众筹平台与其他物种关系

物种关系	淘宝众筹与其他商业主体	京东众筹与其他商业主体	苏宁众筹与其他商业主体
消极关系	—	—	—
中性关系	DI　FI　HI	BH　CH　EH	CE　DE　HE
积极关系	AI：互利 BI：互利 CI：互利 EI：互利 GI：互利	AH：互利 DH：互利 FH：互利 GH：互利	AE：互利 BE：互利 FE：互利 GE：互利

众筹平台融入电商生态系统的基础条件是什么？从生态学角度而言，新物种要融入新的生态系统并生存和发展，需要具备两个条件：①原有生存或生态环境与现有环境相似或相同；②与现有生态环境中的主要物种建立尽可能多的物种关联。而众筹恰恰具备这样的条件。众筹需要的环境：互联网环境和大量的项目支持者。而这些恰恰都是电商平台具备的，电商本身植根于互联网，电商平台天然具备海量消费者，众筹平台与电商结合，海量消费者能直接导入，众筹生存和发展的第一个条件得到满足。众筹特别是产品众筹与在线购物存在一定的相似性，而支付、物流以及营销推广都是众筹项目需要的服务，而这些服务又都是电商生态系统中所具备的商业模块，表2.6中的各种互利关系也证明了众筹与电商系统商业模块的融合，这样众筹融入电商生态系统的第二个条件得到满足。这两点从根本上决定了众筹能与电商融合。

淘宝、京东以及苏宁都是大型的互联网公司，它们成熟的商业生态系统所能提供的其他商业资源对于创业者而言，也具有相当大的吸引力。同时，三个众筹平台又不断发展新的差异化的服务和支持。如淘宝众筹向制造端延伸，京东众筹向创业服务拓展，苏宁众筹构建众包、产业链和众筹O2O，这些都是三个众筹平台发展的重要竞争优势。

2.4.1.3 融合型众筹平台生态系统演化过程

融合型众筹平台生态系统的演化发展（见图2.4）是以一定的商业基础设施为根据，然后根据众筹发展特点和需求，将众筹与原有的商业模块进行融合和对接，最后形成全新的商业有机体，也即众筹平台生态系统。这样，众筹平台生态系统中就囊括了多样的创业服务主体和多元化的商业服务平台。这些主体和平台之间建立的复杂而丰富的关系网络能够保证创业者在系统内以较低的成本获取在不同创业阶段所需的创业资源。众筹平台生态系统的出现，促进了创业者创业效率，提升了创业质量。

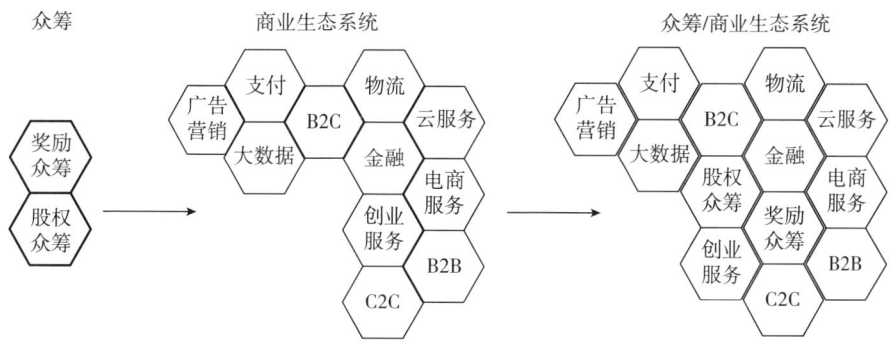

图 2.4　融合型众筹平台生态系统演化路径

2.4.2 交叉型众筹平台生态系统

2.4.2.1 平台对比

4个众筹平台分成两组进行对比分析如表2.7所示。整体看，两组众筹平台都包含两个或多个众筹模式,两种模式互相能够实现较好的业务联合。虽然奖励众筹偏向消费,但本质上而言,奖励众筹是一种投资型消费,而股权众筹是一种股权投融资行为,两者之间存在着一定的相似性。这两组众筹平台同属一个互联网金融公司,在项目孵化、路演推广、投后管理等方面存在相互交叉的地方,导致两个平台有交叉的地方,但同时,由于两者属性上的根本差异,导致两个平台各自有自身的发展方向和路径。

表2.7 众筹平台对比

平台组合	青橘众筹+筹道股权	众筹网+原始会
所属集团	上海众牛互联网金融信息服务有限公司	网信集团
众筹模式	奖励众筹+股权众筹	奖励众筹+股权众筹
特色服务	免费、与第三方机构合作开辟众筹专区、蜂巢体系、三屏路演、递进式众筹	自建领投基金、创业及融资辅导、路演推广、宣传策划、用户教育沙龙、投融资社交元素
商业主体	青橘众筹、筹道股权	第三方支付:先锋支付;网络借贷:网信理财;众筹:众筹网、原始会;财富管理:联合货币财富、盈华财富、弘达财富等;传媒:网信传媒;移动通信:网信移动;生活服务:AA租车、联合货币
线上合作平台/机构	"蜂巢体系",财会法律服务	原始人基金会;奇点加速器
线下合作平台/机构	鸣新坊;三屏路演	路演、项目宣传、创业辅导、财务顾问、融资培训和投资人教育

2.4.2.2 交叉型众筹平台生态系统物种关系

同样,按照自然界存在的三种物种属性,进行众筹平台生态系统物种关系的划分,结果如表2.8所示。

第2章 众筹平台生态系统研究

表2.8 系统内物种关系

平台	青橘众筹+筹道股权	众筹网+原始会
商业主体（生物主体）	A：投资型消费者/投资人/投资机构 B：奖励众筹平台（青橘众筹） C：众筹项目发起人 D：股权众筹平台（筹道股权） E：第三方合作机构	A：投资型消费者/投资人/投资机构 B：奖励众筹平台（青橘众筹） C：众筹项目发起人 D：股权众筹平台（筹道股权） E：第三方合作机构 F：奇点加速器
消极关系	—	—
中性关系		EF
积极关系	AB：共生　AC：共生 AD：共生　AE：互利 BC：共生　BD：互利 BE：互利　CD：互利 CE：互利　DE：互利	AB：共生　AC：共生 AD：共生　AE：互利 AF：互利　BC：共生 BD：互利　BE：互利 BF：互利　CD：互利 CE：互利　CF：互利 DE：互利　DF：互利

由于业务以及项目培育上的交叉，奖励众筹和股权众筹之间的互利关系也是这种生态系统的重要特点。同前一种生态系统一样，这一类系统中主体关系是积极关系，但是相对于融合型生态系统，交叉型生态系统的中性关系则较少。这说明，交叉型众筹平台生态系统中物种关系更为和谐，形成了相互依存的积极物种关系。

2.4.2.3 交叉型众筹平台生态系统基本形态

图2.5给出了交叉型众筹平台生态系统的基本结构和形态。交叉型众筹平台生态系统往往有奖励众筹和股权众筹两个平台，由于两个众筹平台同属于一个母公司（图2.5中的大椭圆），其在业务发展和策略中会存在一定的交叉和重叠（图2.5中内部椭圆交叉部分）。但是，由于母公司业务模块和商业模块并不像融合型众筹平台那样丰富，导致这一类生态系统中物种相对较少，物种间的交叉部分并不大，其融合度与融合型众筹平台生态系统相比，仍然有较大的差距。

众筹平台生态系统及关键主体行为研究

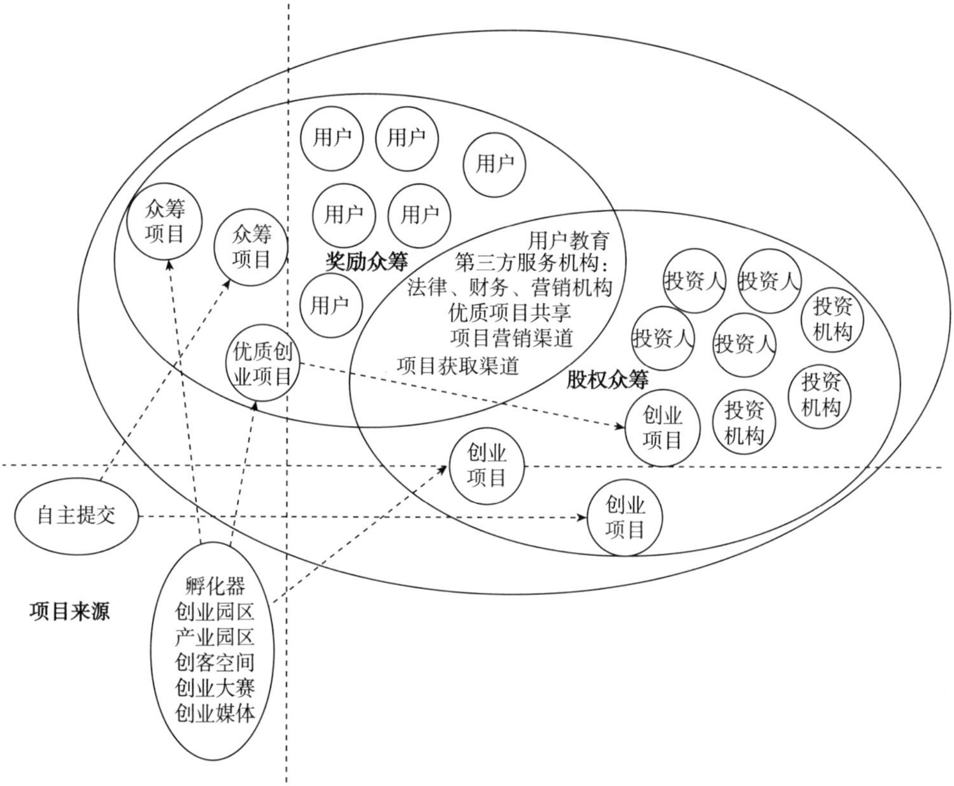

图 2.5 交叉型众筹平台生态系统基本形态

与第一类众筹平台相比,交叉型众筹平台的母公司缺乏像淘宝、京东、苏宁一样的知名度和品牌吸引力,可以主动吸引创业项目进驻淘宝、京东、苏宁众筹平台,所以它们开始通过线下深耕项目端,因此,广义上的交叉型众筹平台生态系统可以进一步拓展到线下的创业园区、创业孵化器、创业大赛以及创客空间中。通过与这些线下平台结合,尽早发现创新项目和优质项目,增强平台的项目端实力,进而构建出没有薄弱环节的"项目—平台—投资人(消费者)"投创链条。

2.4.3 独立型众筹平台生态系统

2.4.3.1 众筹平台及物种关系对比

表2.9给出了3个平台的对比分析。3个平台都属于独立运营的众筹平台,

第 2 章 众筹平台生态系统研究

这其中包括1个奖励众筹平台和2个股权众筹平台,在三个股权众筹平台中,投壶网和创投圈属于 PE 型股权众筹平台。开始众筹是一个独立运营的奖励众筹平台,它之所以能在淘宝、京东以及苏宁等众筹巨头的竞争下求得一席之地,关键在于其差异化的平台运营策略和平台风格。

表2.9 众筹平台对比

平台	投壶网	开始众筹	创投圈
众筹模式	股权众筹	奖励众筹	股权众筹
平台特色	①专注医药健康领域 ②PE 型股权众筹平台	①强调众筹的本源精神 ②淡化商业气息,凸显文艺风格	①PE 型股权众筹平台 ②自有基金领投
平台核心群体	A:创业者 B:投壶网 C:投资人、投资机构	A:项目发起人 B:开始众筹 C:投资型消费者	A:创业者 B:创投圈 C:注册投资人、投资机构
合作群体	D:其他非注册投资机构 E:孵化器/创业园区		D:其他非注册投资机构和财务、法律机构 E:拓璞基金
群体关系	共生关系:AB AC BC 互利关系:BD BE AD CD CE	共生关系:AB BC AC	共生关系:AB AC BC AE BE 互利关系:AD BD CD CE DE

对比平台之后,进一步提炼3个平台的特色,将其划分为以下三类:

(1)运营特色型,开始众筹就是典型代表。除此之外,本书中未包含的案例——追梦筹 APP(追梦网)和轻松筹等都属于这一类型。追梦筹和轻松筹将众筹与社交结合,创造性地发展出了社交众筹模式。

(2)项目特色型,如投壶网,专注医药健康领域项目。除此之外,本书未涉及的众筹平台,如专注店铺众筹的人人投,专注音乐众筹的乐童音乐,专注互联网影视的淘梦网等都是这一类平台的代表。这些平台只专注于某一类特定的项目,力图通过小而精的方式吸引支持者和发起人。

（3）服务特色型，这一类众筹平台力图提供特色的创业服务，典型的如创投圈提供的自有基金领头服务；36Kr提供的创业联合办公服务"氪空间"；天使汇推出的闪投路演模式，专注种子投资的100X加速器和线下创业极客聚集地Dotgeek咖啡馆服务等。

独立型众筹平台的这种发展模式既是无奈，也是生存智慧的体现。面对京东、淘宝等众筹巨头的挤压，要想求得一席生存空间，必须寻求差异化的竞争策略，也正是这种生存智慧，使得众筹在我国并不拘泥于一条道路和模式，而是不断创新，不断融合，不断开拓新的空间，实现了真正的百花齐放。

2.4.3.2 独立型众筹平台生态系统基本形态

图2.6给出了独立型众筹平台生态系统的基本形态。图2.6中，众筹平台生态系统是一个较小的独立的生态系统（中间的实体圆形部分），在它的周围散布着各种创新、创业资源以及其他第三方的创业服务机构，这些组织都与系统内部的主体产生联系。从广义而言，这些组织也应该属于众筹平台生态系统的一部分（椭圆虚线部分）。从整体看，这一类平台商业模块较少，所以系统内的主要生物凸显出投资人（消费者）、项目发起人（创业者）和众筹平台三者关系。三者之间的共生关系是这个相对薄弱的生态系统中的根本支撑力量。

独立型众筹平台生态系统的发展不可能只建立在创业者、投资人和平台三者关系的基础上。三者关系仅是一般众筹平台的基本。为了平台的生存和发展，这类众筹平台往往需要与其他外接物种建立合作关系，这种合作关系相对于系统内的"强关系"而言（某种意义而言，这种"强关系"也是由"弱关系"通过不断地交集演变而来），属于"弱关系"。正如格兰诺维特的弱关系理论所言：弱关系最有可能向好友提供一些他们原本难以获取的信息，而对于众筹平台生态系统而言，弱关系的存在，使它获取了新类型的创业资源和服务，从而更好地促进了生态系统的发展和演化。

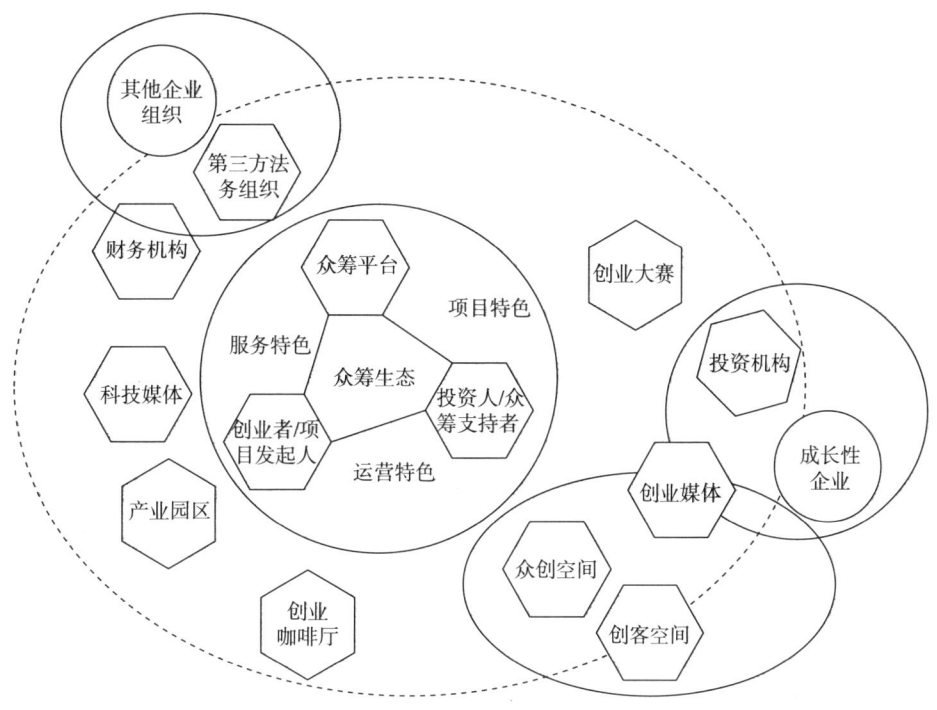

图 2.6 独立型众筹平台生态系统基本形态

2.5 众筹平台生态系统特征分析

2.5.1 基本形态

根据上述案例陈述和案例归纳，结合表 2.4、表 2.6、表 2.8 和表 2.9，按照主要众筹平台以及它们与合作方的合作网络，构建了众筹平台生态系统基本形态图，如图 2.7 所示。

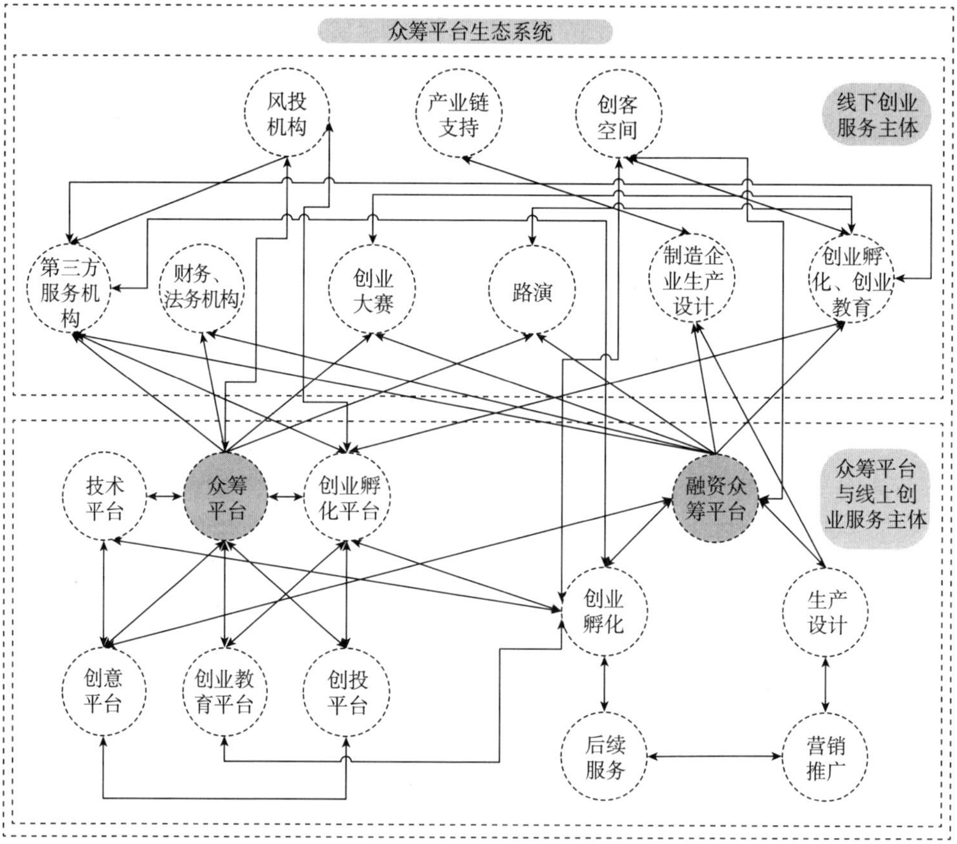

图 2.7　众筹平台生态系统基本形态

众筹平台生态系统主要由两个部分构成。

其一是线下的创业相关主体。在传统的创业生态系统中，这些线下的创业相关主体都是关键要素。线下的创业相关主体主要包括：线下的投融资组织和个人、创客空间、创业孵化器、高科技产业园、产品制造商、线下的创业大赛、路演活动以及财务、法务机构等。

互联网的发展，导致了一部分创业资源开始出现在互联网平台，比如技术信息、创业信息、创业教育平台、融资平台、创意平台和创投数据分析平台等。这些平台的出现能够为创业者提供新的创业资源获取渠道和途径。为了给创业者提供更加多元化的服务,并实现众筹平台的差异化竞争优势,众筹平台往往会主动与其他线上创业资源和服务主体进行合作,建立多元的创业资源服务网络。其二是线上创业服务网络。这其中一个特殊的类型是大型商业集团建立的闭环众筹生态圈。这些大型企业具备较多的商业资源,往往能够提供更加全面的创业服务,因此形成了闭环的创业服务链条,比如淘宝众筹、京东众筹和苏宁众筹,这三个众筹平台背后有大型的商业集团,众筹平台可以直接接入大型商业集团的商业资源,形成较为完整的商业服务链条。以众筹为核心的线上的创业服务网络和线下创业服务主体不断地合作和协同,构成了全新的众筹平台生态系统。

2.5.2 系统结构

在分析完三种类型的众筹平台生态系统后,本书将三种类型的众筹平台生态系统进行对比分析。结果如表 2.10 所示。

表 2.10 三种类型的众筹平台生态系统对比

对比类型	融合型众筹平台生态系统	交叉型众筹平台生态系统	独立型众筹平台生态系统
系统结构形态	一体化结构	球刺结构	立体交叉结构
系统视角	宏观	中观	微观
系统服务特点	综合系统	服务递进	特色、精益
平台特点	多平台融合	平台服务和资源共享	单一平台

系统内部结构形态上,融合型众筹平台生态系统的"母体"本身就形成了一体化的发展结构,不同商业模块之间互相融合和支撑形成了一个紧密结合的立体结构。当众筹平台形成后,会嵌入该立体结构内,然后重复其他商业模块同样的演化过程:从嵌入融入,最后形成一体化发展;由于融合型众筹平台生态系统由多个商业模块构成,其平台结构往往是多平台融合的,这种发展模式需要从宏观系统角度审视其发展走向。

交叉型众筹平台生态系统中众筹平台与另一种商业模块有服务共享和业务交叉，这种交叉关系可能是偏利或者互利关系。由于两种平台在发展方向上往往本质不同，所以形成了一种由交叉点（面）向各自业务方向辐射的球刺结构。相对于融合型众筹平台生态系统，商业模块和系统内的物种较少，融合度不高，但资源和服务的共享，以及平台功能的相似性，便于众筹项目获得递进式服务。

独立型众筹平台生态系统强调微观物种间的关系，通过构建核心物种之间的共生关系获得生存和发展。由于系统内的物种关系较少，又处于不同的生态位，便形成了立体交叉的生态结构。差异化的平台运营和特色服务是这类平台生存发展的重要策略。

2.5.3 物种数量与关系

本书将三种类型众筹平台生态系统间物种数量和物种关系进行对比分析。从系统内物种数量看，在本书所研究的案例中，融合型众筹平台生态系统平均物种数量为 10.33 个，交叉型众筹平台生态系统为 5.5 个，独立型众筹平台生态系统为 4.25 个。从统计结果看，融合型众筹平台生态系统中物种最为丰富，独立型众筹平台生态系统物种最少。系统内物种关系（见表 2.11）由表 2.6、表 2.8 和表 2.9 中的物种关系进行比重统计得来。从表 2.11 可以看出，互利关系在融合型和交叉型众筹平台生态系统中占主要地位，而共生关系则在独立型众筹平台生态系统中占主导地位，比重为 51.9%，互利关系比重略小，为 48.1%。

表 2.11　三种众筹平台生态系统物种关系比重对比

模式与关系	中性关系比重（%）	互利关系比重（%）	共生关系比重（%）
融合型众筹平台生态系统	40.90	59.1	0
交叉型众筹平台生态系统	4	64	32
独立型众筹平台生态系统	0	48.1	51.9

在物种间关系中，物种间的关系紧密程度依次为：共生、互利、偏利和中性。从上述关系比重统计看，独立型众筹平台生态系统的物种关系更为紧密，其次是交叉型众筹平台生态系统，最后是融合型众筹平台生态系统。整体看，融合型众筹平台生态系统中物种类型和数量最多，但物种关系紧密程度并不如其他两种类型生态系统。独立众筹平台生态系统内物种数量和类型最少，但物种间的共生关系比重最大，关系也最紧密。

2.5.4 系统功能与系统演化动力

2.5.4.1 系统功能

生态系统的主要功能：能量流动、物质循环和信息传递。对于众筹平台生态系统而言，它能实现的系统功能主要有信息传递和价值流动。在众筹平台生态系统中，主要传递的是市场信息。消费者和投资人通过接触众筹项目，可以了解产品未来发展趋势，因为在众筹项目中，创新、创意类产品往往占据主要地位，某种意义而言，它代表着未来产品潮流趋势，这些信息对于未来的投资和消费决策会产生重要的引导作用。而项目发起人通过众筹平台，项目筹款信息和数据可以窥探出市场对该产品的反应。这些市场信息在系统中产生，而后突破系统向外扩散。同时，系统也在接收外界信息，比如政府对互联网金融的政策条例等信息也会传播到系统中。可以这样认为，系统内的物种，随时随地都在接收信息，也随时随地都在发送信息，系统内的物种根据接收到的信息不断调整自己的行为规范，而这个行为规范调整的过程也同样被作为信息发送给其他接收者。

价值流动形成了物种之间的各种关系。系统内的物种不断地创造价值，而这种创造出来的价值也会向其他物种流动。价值流动，就像生态系统中的物种之间的营养关系一样。物种间积极、中性和消极关系的形成往往依赖于价值流动。价值的双向流动则形成了互利和共生关系，价值单向流动形成了偏利关系，而价值不能在物种之间的流动就形成了物种之间的中性关系。

2.5.4.2 系统演化动力

对三种形态的众筹平台生态系统而言,他们都具备相同的动力源泉。从微观形态的单一物种看,如果一个物种不再创造价值,就会失去价值外向流动的链条,失去已构筑好的物种关系,成为生态系统中的"孤岛",最后必然走向灭亡。从宏观的生态系统角度而言,系统内的核心物种都是投资者(消费者)和项目发起人(创业者),两者作为价值的核心创造物种,其需求必须得到满足。但是,随着系统中创业者的增加和创业阶段的递进及发展,创业者会产生新的资源和服务需求。比如,当创业公司发展到一定阶段,可能需要进入创业板块上市融资。面对这一特殊需求,系统需要敏锐地察觉并提供这一服务,否则面临的问题就是物种的流失,而当系统提供了这一服务并向模块化发展时,实际上也进一步壮大了系统本身规模和功能模块。从整体看,微观生物的价值创造是系统演化发展的"创投双方"动力机制,而"需求—满足"机制是众筹平台层面需要启动的另一个动力。两个动力机制共同作用下,才能实现生态系统的演化和进步。

图 2.8 给出了生态系统内生物和物种数量与系统规模和服务发展演化关系图。价值创造的不断发展,是一个量化过程,当价值创造达到一定程度时,意味着系统内生物数量和物种数量达到了新的发展阶段,而新的发展阶段,意味着会有不同于前一阶段的资源和服务需求,这时作为宏观系统,有必要积极地发现这种需求,并满足这种需求。当需求满足时,系统会进入下一个发展层次。如果系统内的资源和服务需求没有得到满足,系统内的生物就可能跳出系统,到外界寻求资源和服务,此时系统规模和生物数量极可能出现萎缩。主动地满足系统内生物资源需求是系统演化和发展的关键所在。

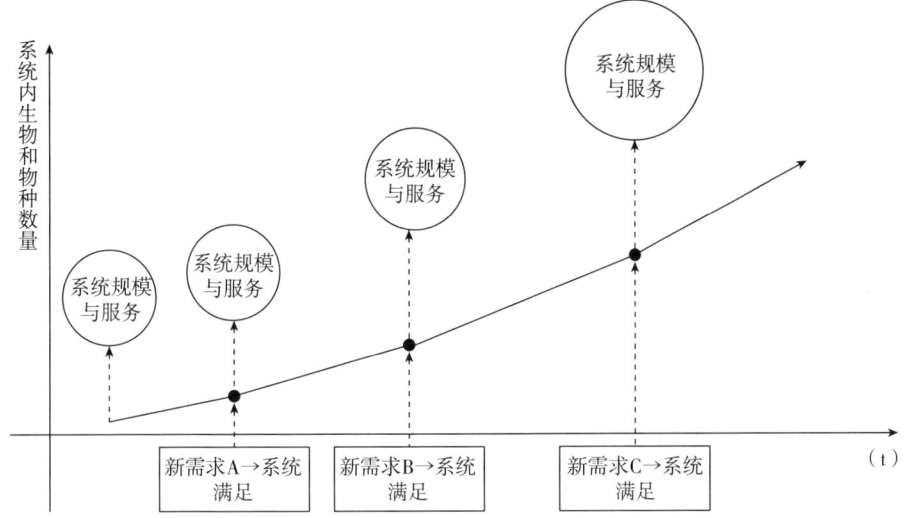

图 2.8 系统内生物和物种数量、系统规模与服务发展演化

2.6 结论与启示

2.6.1 研究结论

本章从我国现阶段众筹平台的倒闭转型现象入手,研究众筹平台生态系统。通过本章的多案例对比研究提出了三种类型的众筹平台生态系统模式。主要结论如下:

(1) 众筹平台生态系统主要由两个部分构成,其一是线下的创业相关主体,其二是线上创业服务主体以及它们之间形成的合作网络。

(2) 从众筹平台诞生之初的先天资源禀赋以及后天系统结构,本章将现阶

段的众筹平台发展模式划分为三种：融合型众筹平台生态系统、交叉型众筹平台生态系统和独立型众筹平台生态系统。三种生态系统反映了三种不同类型的物种关系、系统结构以及所暗含的先天资源禀赋。融合型众筹平台生态系统"天赋异禀"，在诞生之初就被拥有了庞大商业生态资源，甚至在强大的电商基因影响下，我国奖励众筹带有明显的"团购＋预售"特点。交叉型众筹平台生态系统的优势在于系统内有两个或更多相关的平台（物种）存在。不同平台之间有业务、资源的交叉，能够为彼此的发展提供一定的支持。独立型众筹平台生态系统往往依靠的是一个独立的众筹平台，在缺乏资源的情况下，差异化的运营策略和特色的服务，是这类平台在寡头竞争格局下生存和发展的必由之路。

（3）从物种数量看，融合型众筹平台生态系统无疑是物种最为丰富的生态系统，而独立型众筹平台生态系统则是物种较少的系统，交叉型众筹平台生态系统物种类型居中。但是，从物种关系紧密度看，独立型众筹平台生态系统中物种间的共生关系比重最大，关系最为紧密，交叉型众筹平台生态系统次之，融合型众筹平台生态系统物种关系稍显松散。从系统结构而言，融合、交叉和独立型众筹平台生态系统的系统结构形态分别呈现一体化结构、球刺结构和立体交叉结构。

（4）三种类型众筹平台生态系统的系统功能主要是市场信息的传递和价值流动。在生态系统中，所有物种都在不断地接收信息和发送信息。所有物种都在根据接收的信息进行自我行为的调整以求得生存和发展。价值流动是物种间关系的前导因素，价值的双向流动形成互利或共生关系，而单向流动形成的是偏利关系，没有价值流动的物种之间是中性关系。

（5）众筹平台生态系统的演化动力来自系统内生物的价值创造，当生物的价值创造达到一定量表的"阈值"时，系统演化的另一个机制："需求—满足"机制就需要启动。成功地满足系统内物种的需求之后，系统会实现进一步升级。

2.6.2　管理启示

（1）众筹平台的发展思路需要考虑自身的先天优势而不是众筹模式的选择。如果众筹平台的背后有比较成熟的商业生态系统，那么融合型众筹平台生态系统是比较理想的选择，通过商业模块和主体与众筹平台的融合，能实现较好的发展。而如果众筹平台没有相应的商业基础设施，那么积极发展特色服务和差异化运营也许是科学的发展策略。

（2）无论对于哪一种众筹平台生态系统，核心物种都是创业者（项目发起人）和投资人（消费者）。作为众筹平台而言，为这两个核心物种服务是平台发展的根本。

（3）生态系统的演化动力是被动和主动结合的产物。被动主要来自系统内物种的自由发展，主动是系统设计者需要主动监测系统内物种需求并满足之，最后实现系统的升级。这对于众筹平台的运营启示是：生态系统的设计者需要不断监测系统内物种需求的变化，并根据物种需求的变化更新系统服务和资源。

（4）突破平台限制，与其他外接商业主体进行对接是扩展系统功能的重要手段和方式。比如，淘宝众筹与富士康的合作，为创业者提供硬件制造，将系统内的产业链进一步延伸和拓展，其他很多平台与第三方法律、财务机构合作为创业者和投资人服务，都拓展了系统的功能和服务。引入外界商业主体，是众筹平台生态系统发展的一个重要策略。

（5）对于项目发起人而言，在选择众筹平台之前，需要认真了解不同平台背后的生态系统。因为生态系统意味着平台所能为创业者提供的创业资源和服务。同时，创业者再评估自身的需求，然后进行平台和系统的匹配，这样才能提高获取创业资源和服务的效率。

本章小结

本章主要研究众筹平台生态系统模式。为解决上述问题，本章采用案例研究方法，最后得到以下研究结论：融合型众筹平台生态系统、交叉型众筹平台生态系统和独立型众筹平台生态系统是现阶段我国众筹平台生态系统发展的三种重要模式，三者的主要区别在于系统内物种关系紧密程度以及物种数量；发现了众筹平台生态系统演化和发展根本动力机制。生态系统演化发展的根本动力来自于系统内物种的发展需求。当系统内生物和物种数量达到一定阈值时，就会产生新的需求，生态系统的设计者如果能满足这种新需求，系统功能和规模就可能进一步升级。三种类型的众筹平台生态系统发展模式对于当前我国众筹平台的发展以及创业者选择众筹平台有积极的借鉴意义。

第3章 众筹支持者项目投资行为研究

众筹支持者是众筹平台的一个关键主体,其行为主要包括项目投资行为、项目分享行为和众筹持续参与行为。在第3～第5章中将分别研究众筹支持者关键主体的这三个行为。股权众筹和奖励众筹平台都与创业有着紧密联系,但现阶段股权众筹平台主要面向专业投资人和风险投资机构,在数据获取方面存在困难,因此,第3～第6章研究内容主要针对奖励众筹平台。

为什么用投资行为意愿替代投资行为?原因包括以下几方面:

(1)依靠受访者"回忆"得到的"投资行为"测量数据,科学性不足。对于众筹情景下的"行为"测量,往往需要受访者对以往的投资经历进行"回忆",此外,为了研究"行为"的前置因素,也需要受访者回忆"投资行为"前的"思维活动"。个体的"回忆"具有很强的时效性,如果受访者需要回忆的"行为"和"思维活动"缺乏强烈刺激,可能较短时间内"记忆"会逐渐模糊,"行为"和"思维"会逐渐淡忘。类比到众筹领域,如果变量测量用这种模糊的"回忆"作为依据,显然是不科学的。

(2)行为意愿可以较好地预测"行为"。虽然行为意愿不等于实际发生的行为,但态度、意愿等往往可以较好地预测实际行为,在计划行为理论以及理性行为理论模型中,都将行为意愿作为实际行为的前置预测变量,"行为意愿"可以在很大程度上预测"实际行为"。

（3）实物场景的体验测量行为意愿更能真实地捕捉受访者的临场感受，便于发现实际行为的前置决定因素。在心理学和消费者行为研究中，为了得到受访者的真实感受，获取第一手测量数据，往往会采用插图、实物等场景营造的方法测量数据。这种方法相较于依靠受访者"回忆"获得的模糊数据更加科学，也能更清晰地测量到受访者行为意愿的前置因素和变量。综上所述，为了研究的科学性、数据获取的便利性，本书对支持者的行为研究采用行为意愿研究来替代。

同于上述原因，本书的第 4 章和第 5 章同样采用行为意愿研究替代行为研究。对这一问题，在第 4 章和第 5 章不再赘述。

3.1 研究背景与范围界定

3.1.1 问题提出

众筹的灵感来自于小额贷款和众包[73,74]。众筹平台的出现，打破了传统的投资人和创业者之间的信息壁垒，为创业者提供了更为广阔的展示平台，也为投资者带来了更多的投资项目[75]。众筹有多种不同的类型，包括奖励众筹、股权众筹、债券众筹和公益众筹，其中，奖励众筹一般面向社会大众，奖励众筹项目只有吸引更多的众筹用户才能获得项目成功[76]。了解众筹支持者投资行为意愿影响因素，才能更好地帮助众筹项目获得成功，这也正是本书研究的一个基本目的。

奖励众筹的模式并不复杂，但从不同的角度进行解读，会有不同的发现。从消费者角度而言，奖励众筹更像是预购，只不过消费者在选定产品后，增加了一个项目评估环节。相关研究如 Gerber 等（2013）的发现，支持者参与众筹的动机之一就是体验和消费新产品，也能证明消费者角色的存在[23]。从投资人角度而言，奖励众筹更像是一种短期投资，投资者在经过复杂的评估后，选择了某一个众筹项目并进行"投资"，项目成功后，投资者获得超值的回报。如 Mollick（2014）的研究表明投资回报直接影响着项目的成功与否，能从侧面证明投资者角色的存在[3]。对于一个社会人而言，众筹平台上是一些要实现梦想的人，这些人在梦想的路上面临着一些困难，如果这时候给予他们帮助，他们就可能实现自己的梦想，并且成功后会返还产品和服务作为回报。相关研究如 Gerber 等（2013）的发现，支持者参与众筹的动机之一就是获得精神回报和帮助发起人[23]。这些研究也从侧面印证了支持者作为社会人具备的亲社会特质。基于上述对众筹活动的解读和理论分析，本书认为，支持者在奖励众筹中扮演着三重角色：消费者、投资者和社会人。

本书按照不同角色进行支持行为决策的心理动机研究，尝试回答科技类奖励众筹项目中支持者投资行为意愿的心理动机及其他影响因素。为解决上述问题，本章首先通过理论分析，提出三重角色下的三种心理动机假设和其他相关影响因素假设，然后通过问卷调研和实证研究进行验证。

3.1.2 研究范围界定

奖励众筹中包含多种类型的众筹项目，如娱乐类、出版类、科技类、农业类等。Mollick（2014）的研究表明：同一类型的项目融资绩效影响因素对不同类型的众筹项目会产生不同的影响[3]。这也就意味着，支持者的同一种投资动机，可能对不同类型的众筹项目有不同的影响。因此，为了更好地研究众筹支持者投资意愿，需要对奖励众筹项目类型进行选择和设定。

零壹财经的调研数据显示：科技类众筹项目数量在我国奖励众筹模式平台中占比超过60%，而融资额度占比更是超过70%[1]。这一数据在部分众筹平台甚至更高,如2015年京东众筹平台上,科技类众筹项目成功融资额度占总成功融资额度的比例达到了81.8%[1]。一方面为了响应国家"大众创业、万众创新"号召,很多众筹平台将自己定义为创业融资或者创业支持平台[77];另一方面相较于娱乐类、音乐类和出版类众筹项目,科技类众筹项目与创新创业联系更为紧密[78,79]。因此,在难以对全部类型的众筹项目进行研究的情况下,本章选择有代表性的科技类众筹项目作为研究对象。综上所述,本章将研究范围界定为奖励众筹模式下的科技类众筹项目。研究众筹支持者对科技类众筹项目的投资意愿影响因素。

3.2 研究假设与理论模型

本章将支持者心理动机按照三重角色进行划分,即消费者角色、投资者角色和社会人角色,并依据这三种角色提出三个不同的心理动机假设。除此之外,本章还提出了发起人能力和从众两个影响因素。

3.2.1 投资行为的角色动机划分

3.2.1.1 消费者角色动机

众筹也被当作是预订和营销工具[80],支持者的支持行为与一般意义上的购买行为存在一定的相似性。但是,众筹平台上的支持者所做出的支持决策需要花费更多的时间和精力[23],对于科技类众筹项目,支持者需要详细了解产品技术指标、硬件性能等信息,然后综合项目发起人能力、资质、技术水平,项目进度、截止日期、支持价格、支持者人数、喜欢人数、支持者留言等因素来评估是否投资该项目。参与支持众筹项目和一般意义上的网购存在着明显的不同,支持者甚至需要具备一定的技能，克服很多困难才有可能获得产品[80]。对于支持者而言，拥有和使用新产品是他们的重要动机[81,82]，但具备一定产品技术知识，并愿意进行复杂的信息收集、整合和决策评估的支持者并不是一般意义上的"消费者"。总结看，这一类支持者群体具备以下特征：有独特性的产品需求（否则，支持者完全可以在其他电商平台找到替代品）；对自己喜欢的产品有执着的追求；本身具备一定的产品信息知识，能够有效地甄别产品的性能和优劣；同时，喜欢尝试新鲜事物。如果按照这四类特征去勾勒一个群体，很明显他们与领先用户非常相似。Von Hippel（1986）在研究新产品时，最先提出了领先用户的概念[83,84]。Hippel（1989）认为，领先用户一般具备以下两个特征：首先领先用户的需求在经过一段时间后会变成一般性的市场需求，这意味着领先用户对需求选择更加敏感，他们可以担任市场需求预测师；其次是领先用户在努力满足自身独特性产品需求时，能提供新产品的概念和设计数据[83]。据此，本章推断科技类众筹产品的支持者大都不满足于现有技术体系下的产品，他们更希望尝试新产品，对产品功能、服务和体验有着独特需求，而在这一独特产品需求的背后，是领先用户特征的表现。因此，本章提出如下假设：

假设1：独特性产品需求对支持者投资科技类众筹项目有正向影响。

假设2：支持者的领先用户特质是独特性产品需求的前置因素，对支持者的独特性产品需求有正向影响。

3.2.1.2 投资者角色动机

投资者的角色由消费者角色的另一个维度延伸而来，消费者在购物选择时更愿意选择物美价廉的产品，在这一因素的影响下，投机性消费应运而生。投机性消费是指能够给消费者带来额外损益的消费，消费者消费物品和服务，本意是消费该产品和服务所带来的效用，但有限理性消费者进行消费时还可能获得额外收益或遭受意外损失[85]。众筹模式，能够让支持者获得额外的收益：一方面，来自经济方面，众筹项目的回报往往具有相当的吸引力，支持者可以通过较低的投资价格获得更超值的产品;另一方面,众筹是一种相对新颖的商业模式,消费者可以获得额外的精神回报,包括社会互动和人际关系体验等[86]。因此,支持者在众筹网站的投资行为,可能带有一定的投机心理。据此,本章提出以下假设:

假设3:投资动机对支持者投资众筹意愿有正向影响。

3.2.1.3 社会人角色动机

Lerner 在发展心理学一书中对亲社会行为的描述是:亲社会行为是由那些对行为者无明显利益,但是对接受者有益的反应组成[87]。Aronson 和 Wilson 对亲社会行为的定义是:那些任何以有益于他人为目标的行为[88]。奖励众筹的基本模式是:发起人需要获得资金,而支持者需要产品,当支持者实施投资行为时,能帮助发起人实现成功,同时,支持者也可以获得自己想要的产品。这种"交换"的行为模式符合社会交换论对亲社会行为的解释。一方面,当人们看到另一个人陷入困难或痛苦时,他们的痛苦经历会被唤醒,而帮助这些需要帮助的人能减轻自身痛苦[89],通过帮助他人,人们可以获得相应的精神回报,如社会认可赞许、自我价值感提升等,这也符合众筹模式的特点;另一方面,社会交换论的基本假设是人们只有当收益大于付出时才会助人[90]。奖励众筹模式下,支持者的回报往往都是超值的,支持者的投资远小于他们得到的奖励回报,这也符合社会交换论对亲社会行为的解释。众筹模式使得支持者和发起人都能得到自己想要的,这一过程就是社会互惠。这种互惠规则同时也符合进化心理学对亲社会行为的解释,进化心理学认为,亲社会行为是遗传和本能的结果,亲缘选择(Kin Selection)、互惠规则(Norm of Reciprocity)和社会规则是进化心理学对亲社会行为的三种解释。互惠规则是随着人类的进化发展而来,那些最可能生存的个体是与他们的邻居发展了一个关于互惠的默契:"我现在帮助你,是确信当我需要你帮助时,你有所回报。"[91]互惠规则是人类原始社会阶段的基本生存规则,已经成为我们基因的一部分[92]。众筹背景下支持者和发起人的行为也符合这种互惠准则。根据社会交换理论和进化心理学理论,本章在众筹情境下提出如下假设:

假设4：支持者的亲社会倾向对参与众筹意愿有正向影响。

3.2.2 其他影响因素

3.2.2.1 发起人能力

Gerber 和 Hui 研究表明，对发起人的信任是众筹支持者投资行为的主要障碍[23]。因此，科技类众筹项目在众筹平台上一般都会展示项目团队人员结构、技术实力、发展历程、商业人脉关联以及项目详细规划，主要指标包括科研人员比重、科研人员技术水平、科研人员曾经研发的产品、公司或个人曾获嘉奖、国际认证证书、团队与其他组织合作经历、项目的其他商业计划（如上市，A 轮或 B 轮融资等）以及项目详细的进度安排。这一系列信息展示的目的在于：获得支持者信任；建立支持者对项目的良好印象；树立支持者对项目技术能力、商业资源和研发能力的认可，从而间接地影响支持者对项目质量、产品性能的认可。Mollick 的研究表明，发起人的社会资本以及投资人对项目评价，都对项目成功具有积极的正向影响[3]。发起人的社会资本能从侧面反映出发起人的商业资源，而专业投资人的评价更是对发起人技术实力、商业模式的肯定。基于上述分析，本章提出以下假设：

假设5：支持者对发起人能力的评价对支持者投资众筹项目有正向影响。

3.2.2.2 从众

在投资行为决策中，除了来自投资者自身对信息的决策和判断外，还会受到他人行为决策的影响[93]。从众行为（羊群效应）广泛地存在于金融投资[94,95]、在线软件下载[96]、在线购物[97]、团购[98]、新技术投资[99]、技术接受与继续使用等领域[100]。与从众行为相似的理论还有信息瀑布理论[101]。从众行为主要存在于信息不确定情境下[102,103]，Avery 和 Zemsky 发现，在金融市场上，如果只有一个不确定信息时，并不会出现从众行为，但随着不确定性信息继续增加，从众行为开始产生并最终扭曲市场价格[94]。

在购物行为中,消费者往往受到其他消费者行为决策的影响[97]。奖励众筹的运作模式并不完全等同于在线购物,众筹支持者需要对项目进行整体评估,因为只有项目获得了成功,支持者才能获得产品,否则支持者的投资行为只会增加时间成本,破坏流动性偏好。对项目的评估过程,与金融投资情境存在一定的相似性,决策和信息的不确定情境下,更容易产生从众行为。从消费者角度而言,支持者也更倾向于选择已经存在有大量消费记录的产品[97],如果一个众筹项目已经吸引了大量的投资者,那么它对下一个潜在投资者可能会产生更强的吸引力。

众筹支持者的行为决策也受到了其他人的影响[93]。众筹的特点和运作模式使得众筹情境下的从众行为更容易产生,项目成功与否的不确定性以及项目成功支持者才可以获得产品,都在一定程度上"暗示"支持者需要有一定的从众行为。对于从众行为,现阶段的研究大量地存在于金融投资领域[94],而对从众行为的量表开发研究较少,Sun 根据前人的研究认为,从众行为包括两个主要的初始条件:决策过程中的非确定性和观察他人行为[100]。据此,Sun 提出了从众行为的两个维度指标模仿他人(Imitating Others, IMI)和自我信息折扣(Discounting Own Information, DOI)[100]。自我信息折扣主要指个体在决策中对自我信息判断的不采纳程度,如果这种不采纳自我信息判断的程度越高,表明自我信息折扣越强,则越容易产生从众行为[100]。模仿行为主要是指个体的行为决策会刻意模仿他人[100]。

因此,按照 Sun 的研究,本章提出以下假设:

假设6:模仿他人对支持者投资众筹项目有正向影响。

假设7:自我信息折扣对支持者投资众筹项目有正向影响。

根据上文的研究假设,构建本文的研究模型,如图3.1所示。

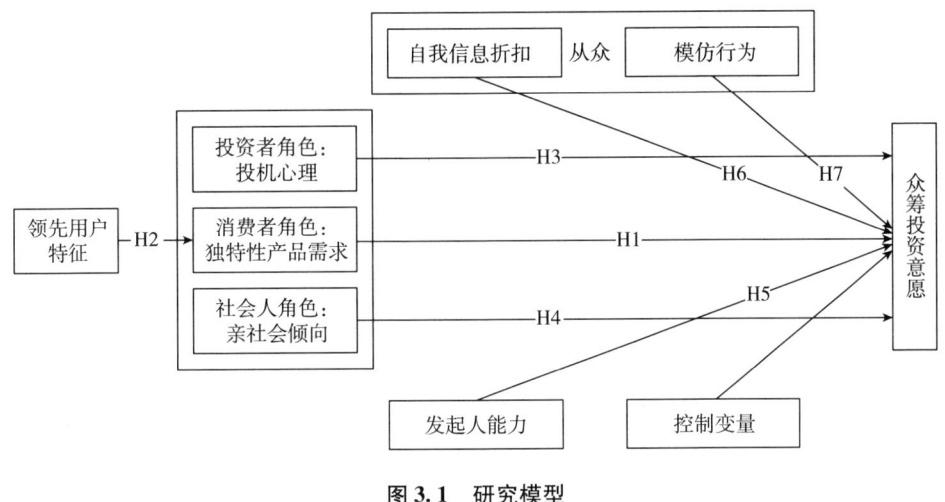

图 3.1 研究模型

3.3 研究设计

3.3.1 变量测量

消费者独特性产品需求题项来自 Lynn 和 Harris 的研究[104]；投机动机来自 Lee、Chae 等的研究[105]；亲社会倾向来自 Lee 和 Ho 的研究[106]；发起人能力来自 Michel 的研究[107]；领先用户特征来自 Franke 和 Shah 的研究[108]；从众行为两个维度均来自 Sun 的研究[100]；众筹投资意愿来自 Lu 等的研究[109]。测量问项采用李克特 7 级量表，1 到 7 分别代表从"非常不同意"到"非常同意"。部分题项为反向题项，采用 8 减去得分处理，最后得到正式数据。详细问卷见附录 1。

3.3.2 数据收集

本章采用问卷调查收集数据。由于众筹用户的众筹分享和支持行为决策具有即时性,特别是本章中的变量项目信息等因素,无法根据以往经验进行作答。所以,本章采用"插图调研"(Vignette – based survey)的方式展开数据收集。"插图调研"是实验性调查方法的一种类型,Michel 已将该方法应用于众筹支持者行为意愿研究[107]。

按照"插图调研"的一般方法,本章选择了一个真实的众筹项目(智能充电数据线项目)并截取整个项目介绍页面作为插图和实验测试情景。受访者需要阅读完整个项目后根据自身的真实感受来作答相关题项。为了确保受访者的项目浏览和阅读质量,我们在问卷开始前设置了 3 个关于该项目信息的基本问题,包括:该智能充电数据线的长度是多少米;该智能充电数据线的接口类型;该项目团队(公司)总部所在城市。在完成了上述 3 个填空题之后,正式进入问卷的正文作答部分。数据收集通过问卷星样本服务获取,样本服务共 250 份。删除作答时间少于 5 分钟的 32 份样本,有效样本共 218 份。表 3.1 给出了样本人口统计学特征。

表 3.1 调查对象人口统计资料

测量指标	指标分类	频率(次)	百分比(%)	测量指标	指标分类	频率(次)	百分比(%)
性别	男	117	53.67	收入水平(元/月)	2000 元以下	38	17.43
	女	101	46.33		2000~4000 元	46	21.1
年龄	18 岁以下	1	0.46		4000~6000 元	43	19.72
	18~25 岁	56	25.69		6000~8000 元	40	18.35
	26~30 岁	86	39.45		8000~10000 元	31	14.22
	31~40 岁	60	27.52		10000~15000 元	11	5.05
	41~50 岁	11	5.05		15000 元以上	9	4.13
	51~60 岁	4	1.83	受教育水平	小学及以下	1	0.46
	60 岁以上	0	0		初中	0	0
					高中、中专及技校	6	2.75
					本科以及大专	160	73.39
					研究生及以上学历	51	23.39

3.3.3 共同方法偏差检验

本书中相关变量题项均由同一个受访者提供,易于出现共同方法偏差(Common Method Bias)问题,本书首先采用 Harman 的单因素检测法检查共同方法偏差的严重程度,检验结果显示未旋转时第一个主成分解释变异为 27.16%(低于 40% 临界值),解释能力并不大,初步表明共同方法偏差问题并不严重[100]。另外,本章采用了潜在误差变量控制法检查共同方法偏差问题。主要步骤是:在本章正常模型的基础上,构建一个方法潜变量(Method),并将所有测量变量的题项负荷在该潜变量上,形成测试模型,通过结构方程模型得到测试模型的相关模型参数[100]。正常模型和测试模型相关参数如表 3.2 所示。通过表 3.2 可以看出,无共同方法变异因子的正常模型明显优于有共同方法变异因子模型,说明共同方法偏差问题并不严重,可以继续后续的实证分析。

表 3.2 共同方法偏差检验

模型对比	χ^2/df	RMSEA	NFI	CFI	IFI
正常模型(不包含方法潜因子)	1.951	0.027	0.951	0.961	0.979
测试模型(包含方法潜因子)	47.924	0.355	0.470	0.562	0.641

3.4 实证研究

3.4.1 信度与效度检验

SmartPLS 能够处理形成性指标和反映性指标,对样本数量,残差分布要求较低,是检验测量模型和结构方程的理想工具[110-112]。本章采用 SmartPLS 3.0 软件进行结构方程模型的假设验证。

测量模型分析主要包括信度检验、聚合效度检验和区别效度检验[113、114]。信度检验采用组合信度（Composite Reliability，下文用 CR 表示）和 Cronbach's Alpha 值评测，本章组合信度和 Cronbach's Alpha 系数如表 3.3 所示，表 3.3 中组合效度（CR）和 Cronbach's Alpha 值都大于 0.7，说明模型通过信度检验[115]；聚合效度检验采用 Outer Loadings 和 AVE 值检验，表 3.3 中 Loading 值都大于 0.7，AVE 值大于 0.5，通过聚合效度检验[116]；区别效度通过比较变量的 AVE 和该变量与其他所有变量公共方差可以评价量表的区别效度，从表 3.4 可知，AVE 的平方根（表 3.4 灰色部分）都高于对角线以外的相关系数，说明量表的区别效度较好[117、118]。表 3.5 给出了模型的多重共线性检验，检验结果显示所有变量的 VIF 值都小于 10，说明不存在多重共线性问题。

表 3.3 信度和效度检验

Factor	Item	Loadings	AVE	Cronbach's Alpha	CR
自我信息折扣	DIO1	0.795	0.668	0.789	0.856
	DOI2	0.929			
	DOI3	0.812			
发起人能力	INIT1	0.928	0.858	0.917	0.948
	INIT2	0.929			
	INTI3	0.921			
投资意愿	INTEN1	0.889	0.845	0.908	0.922
	INTEN2	0.922			
	INTEN3	0.946			
领先用户特征	LU1	0.878	0.755	0.851	0.885
	LU2	0.876			
	LU3	0.897			
	LU4	0.823			
模仿行为	IMI1	0.909	0.846	0.909	0.926
	IMI2	0.933			
	IMI3	0.917			

续表

Factor	Item	Loadings	AVE	Cronbach's Alpha	CR
亲社会倾向	PS1	0.771	0.678	0.805	0.874
	PS2	0.821			
	PS3	0.821			
	PS4	0.838			
	PS5	0.860			
	PS6	0.827			
独特性产品需求	DUCP1	0.849	0.764	0.868	0.901
	DUCP2	0.882			
	DUCP3	0.865			
	DUCP4	0.887			
	DUCP	0.887			
	DUCP6	0.874			
投机心理	SPECU1	0.923	0.827	0.873	0.918
	SPECU 2	0.919			
	SPECU 3	0.920			
	SPECU 4	0.876			

表3.4 区别效度检验

相关系数与AVE平方根	(1)	(2)	(3)	(4)	(5)	(6)	(7)	(8)
领先支持者特征(1)	0.869							
亲社会倾向(2)	0.579	0.823						
投资意愿(3)	0.535	0.597	0.919					
发起人能力(4)	0.559	0.535	0.634	0.926				
投机心理(5)	0.481	0.440	0.515	0.450	0.909			
模仿行为(6)	0.464	0.534	0.500	0.452	0.530	0.920		
独特性产品需求(7)	0.459	0.367	0.691	0.509	0.433	0.583	0.874	
自我信息折扣(8)	0.310	0.223	0.166	0.204	0.229	0.289	0.219	0.817

表3.5 多重共线性检验

变量关系	VIF	变量关系	VIF
领先用户特征→独特性产品需求	1.000	投机心理→投资意愿	5.362
发起人能力→投资意愿	5.219	独特性产品需求→投资意愿	4.190

续表

变量关系	VIF	变量关系	VIF
年龄→投资意愿	1.318	亲社会倾向→投资意愿	1.994
性别→投资意愿	1.069	模仿行为→投资意愿	4.693
收入→投资意愿	1.318	自我信息折扣→投资意愿	1.116
教育→投资意愿	1.055		

3.4.2 假设检验

本章采用结构方程模型软件 SmartPLS 检验模型假设。然后通过 SmartPLS 对模型路径系数进行估计，利用 SamrtPLS 做 bootstrapping 运算，根据 Hair 等（2013）的建议，对原始数据选取容量为 5000 的重复抽样样本，检验路径系数显著性[119]。检验结果如表 3.6 所示。从表 3.6 可以看到：除性别（$\beta=0.057$，$p=0.083$）外（本章中女性设置为 1，男性设置为 2），年龄（$\beta=0.061$，$p=0.152$）、收入水平（$\beta=-0.010$，$p=0.823$）和受教育程度（$\beta=0.041$，$p=0.250$）对支持者投资众筹意愿都没有显著性的影响。这说明众筹参与支持者主要以男性为主。男性相对于女行有更强的探索精神[120]，众筹在中国依然没有深入大众，而科技类产品使用更需要探索精神，基于此，可以解释为什么男性支持者相对于女性支持者数量更多。

表 3.6 假设检验结果

假设	Path Coefficients	T Statistics	p Values	验证结果
收入→投资意愿	-0.010	0.223	0.823	不成立
教育→投资意愿	0.041	1.151	0.250	不成立
年龄→投资意愿	0.061	1.434	0.152	不成立
性别→投资意愿	0.057	1.733	0.083	成立
领先用户特征→独特性产品需求	0.759	20.139	0.000	成立
投机心理→投资意愿	0.209	1.906	0.057	成立

续表

假设	Path Coefficients	T Statistics	p Values	验证结果
亲社会倾向→投资意愿	0.011	0.259	0.796	不成立
发起人能力→投资意愿	0.334	2.645	0.008	成立
模仿他人→投资意愿	0.184	2.052	0.040	成立
独特性产品需求→投资意愿	0.206	2.516	0.012	成立
自我信息折扣→投资意愿	-0.048	1.389	0.165	不成立

亲社会倾向（β=0.011，p=0.796）对支持者的众筹投资意愿没有产生显著性的影响。不同类型的众筹有不同的运作模式，相较于捐赠众筹，奖励众筹存在更多的商业气息，在亲社会以及助人和利他行为方面，并不显著。从众因素中自我信息折扣（β=-0.048，p=0.165）对用于支持众筹项目没有显著性影响。表明众筹支持者愿意相信自我判断，没有或者不愿意进行自我信息折扣。模仿他人（β=0.184，p=0.040），独特性产品需求（β=0.206，p=0.012）投机行为（β=0.209，p=0.057）和发起人能力（β=0.334，p=0.008）对支持者的众筹投资意愿产生正向影响。其中，发起人能力路径系数明显较高，这说明发起人能力对支持者投资众筹项目意愿影响较大（见图3.2）。

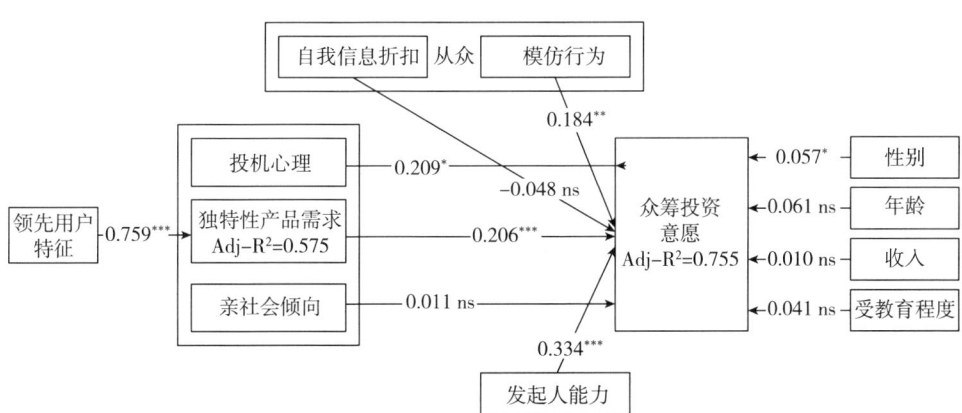

图 3.2 路径系数与显著性水平

注：＊＊＊表示 p<0.01，＊＊表示 p<0.05，＊表示 p<0.1，ns 表示不显著。

3.5 结论与启示

3.5.1 结果讨论

本章研究对象是与创业有着紧密联系的科技类奖励众筹项目,主要研究众筹支持者的投资意愿影响因素。本章提出了众筹支持者心理动机的三重角色划分方法:消费者、投资者和社会人,实证研究结论如下:

(1)独特性产品需求(消费者角色)对支持者参与众筹意愿有显著性的正向影响,同时,领先用户特征对独特性产品需求有显著的正向影响。这表明,科技类奖励众筹参与者具备明显的领先用户特征,这一部分支持者是现有技术的使用者和未来技术的开拓者,是前沿产品开拓和研发的重要参与者。从新产品研究而言,领先用户有效地促进了新产品开发[82],接受和扩散以及激进式创新[121,122],这一部分投资者能为项目发起人提供新产品开发思路,对于新产品的研发、设计、生产、完善和改进都具有重要意义,作为发起人应该认真对待,深入挖掘和开发这一类支持者,使这一类支持者参与到新产品的开发设计推广中,才能实现项目发起人的最大创业或者商业利益。

(2)投机心理(投资者)对支持者参与众筹意愿有显著的正向影响。郑海超等研究表明,资助人对项目回报的感知对其众筹满意度有正向影响[123]。而参与者的投机心理产生的本源就在于对项目回报的认可,对项目回报的高度认可本质上就是支持者的投机心理,支持者希望以更加低廉的价格获得更超值的产品。奖励众筹中,参与者的投机心理较为明显。

(3)亲社会倾向对支持者投资众筹项目的意愿没有产生显著性的影响。这一结论与 Allison 等的研究结论相悖[33]，本章认为这是由于不同国家众筹项目特色决定的，国外众筹平台上的众筹项目更多的是个人梦想的展示，众筹项目往往多带有一定的娱乐性和随意性。相比较而言，国内的众筹网站商业气息更加浓厚，淘宝众筹、众筹网以及京东众筹等更多的是将自己定义为创业融资平台，特别是科技类众筹项目，更是创业融资、营销推广和预售的主要领域。在浓厚的商业气息下，支持者难以产生亲社会的利他动机。因此，我国众筹平台上，支持者参与投资科技类众筹的亲社会动机并不明显。

（4）模仿行为对支持者投资众筹项目意愿有显著的正向影响，自我信息折扣并没有对支持者投资众筹项目意愿产生显著性影响。一般而言，一个众筹项目拥有的支持者越多，其项目完成进度也越快，其成功的可能性越高[3]。支持者为了获得产品，更愿意选择即将或者很快即可获得成功的项目，一方面是出于对产品需求的渴望，另一方面则有附和大众意见的成分。

自我信息折扣并没有对支持者投资众筹项目意愿产生显著影响，这意味着支持者没有或者不愿意进行自我信息折扣。在一个结构紧密的群体中，个体为了获得群体归属感，更容易放弃自我意见和判断，这种情境下，个体的自我信息折扣会较大[124,125]。然而，众筹支持者群体之间并不是一个结构紧密的群体，支持者难以感知到有压迫性的群体归属感。相应地，个体的自我意识和认识能够自由转化为行为决策，自我信息折扣也就非常少，在众筹模式下，自我信息折扣本身并没有必要。从另一个角度而言，支持者群体本身具备一定的领先用户特征，他们对新产品有自己独特的见解和看法，并不会轻易屈从他人观点，这也意味着支持者不愿意进行自我信息折扣。这两方面原因可以很好地解释自我信息折扣对支持者众筹投资意愿的非显著性影响。

（5）发起人能力对支持者众筹项目投资意愿有显著的正向影响。众筹平台上大部分科技类众筹项目都会展示公司发起人发展历程和其他能够体现技术水平的资质证书，过往产品等信息，其根本目的在于向支持者展示发起人的能力，使支持者相信新产品技术可行性和质量可靠性。实证研究结论也证明：充分展示发起人或者团队能力，获取支持者对发起人或团队的信任，能够有效地增强发起人投资众筹项目的意愿。

3.5.2 管理启示

本章以众筹项目支持者为研究对象，研究该群体支持行为的心理动机和影响因素，这对于发起人而言其意义在于：

首先，充分了解支持者的心理动机，在项目展示部分就需要尽可能地迎合支持者，比如尽可能充分地展示发起人能力，包括从业经历、人脉资源、技术水平等，这样才能最大限度地吸引支持者参与到该项目中，提升项目融资效率。

其次，根据支持者的领先用户特征，需要充分挖掘支持者价值，通过与支持者合作，一方面，宣传自身项目，扩大项目影响，拓展项目在支持者群体中的知名度，提升融资效率；另一方面，与领先用户建立良好的合作关系，将领先用户纳入产品研发、生产和推广体系中，才能最大化实现领先用户的价值。根据支持者的投机心理特征，适当地增大项目回报力度，就能提升支持者投资意愿，加快项目融资速率。对于支持者的模仿行为，项目发起人可以在即将成功阶段（比如项目进度75%阶段），适当地和众筹平台合作，在平台首页进行项目营销和推广，加速项目成功。

对于众筹平台而言，由于支持者群体具备领先用户特征和独特性产品需求，这为众筹平台的推广和引流提供了方向，搜索定位这一类群体集聚地，然后进行平台推广和宣传，能收到事半功倍的效果。

本章小结

众筹为创业者提供了新的融资方式。对支持者动机和行为的研究能够更好地帮助发起人和众筹平台了解支持者心理需求，促进项目成功和平台发展。本章以奖励众筹科技类项目为考察对象，研究支持者心理动机及支持行为影响因素。通过分析奖励众筹运作模式和前人理论成果，提出了支持者所扮演的三重角色：消费者、投资者和社会人，并提出了发起人能力和从众两个支持行为的影响因素。最后实证研究表明：科技类众筹项目支持者具备独特性产品需求动机和投机心理，但不具备亲社会倾向。发起人能力对支持者支持众筹项目意愿有正向影响，从众因素方面，模仿他人对众筹用户的参与支持意愿产生了正向影响，而自我心理折扣的影响则不显著。本章的研究是众筹支持者关键主体的第一个行为研究，为以后支持者关键主体的项目分享行为和持续参与行为奠定了研究基础。

第4章 众筹支持者项目分享行为研究

承接第3章的研究内容,第4章研究对象还是众筹平台中的关键主体:众筹支持者。本章将在第3章(支持者投资意愿研究)的基础上,进一步研究众筹支持者的项目分享行为意愿。第3章篇头已经叙述,本章研究内容主要针对奖励众筹平台。

第4章依然用分享行为意愿代替分享行为进行研究,详细原因已在第3章开头部分进行了说明,在此不再赘述。

4.1 问题描述

众筹的核心在于"众",众筹项目要获得融资成功,需要大众投资和大众支持,因此,增加项目曝光度,提升项目影响力对于项目成功非常重要[126,127]。为提升项目影响力,促进项目成功,国内外的众筹平台都允许众筹用户将众筹项目直接分享到社交网络平台。如国外众筹平台 Kickstarter 允许用户将众筹项目分享至 Facebook、Twitter 等社交平台,而国内众筹平台则允许用户将众筹项目分享至微博、微信、QQ空间等社交平台。通过社交网络平台，众筹项目的浏览量可以获得倍数增长，迅速增加曝光度和影响力，吸引更多潜在的众筹投资者。众筹投资行为可以直接促进众筹项目成功，而众筹用户的项目分享行为则可以间接地促进众筹项目的成功。众筹项目的分享行为也是一种支持行为，因此，众筹项目的分享者也可以称之为众筹支持者。

众筹项目分享行为是一个跨平台的分享行为，跨越了众筹平台和社交网络平台两个层面。为解决本章的研究问题，本书将尝试从众筹平台和社交网络平台两个层面提出影响支持者项目分享意愿的因素。众筹平台层面包括项目本身特质如项目类型、项目创新性以及新颖度等都可能促进支持者对众筹项目的积极认知和态度，是支持者进行项目分享和推荐的基础；除此之外，本章进一步分析支持者分享意愿在不同平台包含的不同动机类型，以期更加深入地探究支持者的项目分享意愿。

4.2 研究假设

众筹分享行为是一个跨平台的分享行为。被分享内容在众筹平台上是一个众筹项目，而在社交网络平台上则是用户分享或创造内容，其效果等同于用户在社交平台分享或创造的文字、图片或视频内容。因此，对支持者众筹项目分享意愿的研究，需要从两个层面考虑。

第一个层面是奖励众筹平台。首先，从一般因素而言，支持者需要认可众筹项目，并确认其是值得分享的优质信息和内容，从而进一步产生分享意愿。其次，分享众筹项目对项目的成功也有促进作用，因此，分享者的亲社会心理、助人精神可能也存在于这一阶段的分享心理活动中。整体而言，在众筹平台层面，支持者的分享意愿可能受到分享内容也即项目相关特征的影响。同时，助人动机也可能在这一时期对支持者的分享意愿产生积极的推动作用。第二个层面是社交网络平台。支持者将众筹项目分享至社交平台，包含了一般用户在线社交网络参与动机。现阶段，众筹用户的数量相较于我国庞大的互联网用户，其比例仍然很小[1]，众筹对于普罗大众而言，仍然是一个新生事物，分享这种新奇的事物到社交平台，能够满足支持者表达自我个性和兴趣的目的；同时，支持者分享众筹项目也有可能是出于社会交互的动机。支持者分享众筹项目，希望获得好友的点赞、评论、转发等互动，甚至可以直接艾特（@）自己的好友进行主动互动。因此，第二个层面的主要影响因素可能是出于支持者的自我形象表达动机和社会交互动机。上述分析阐述了众筹支持者项目分享意愿的形成逻辑，按照上述的两个层次划分，本章给出了如下研究模型（见图4.1）。本章将根据研究模型提出相关研究假设。

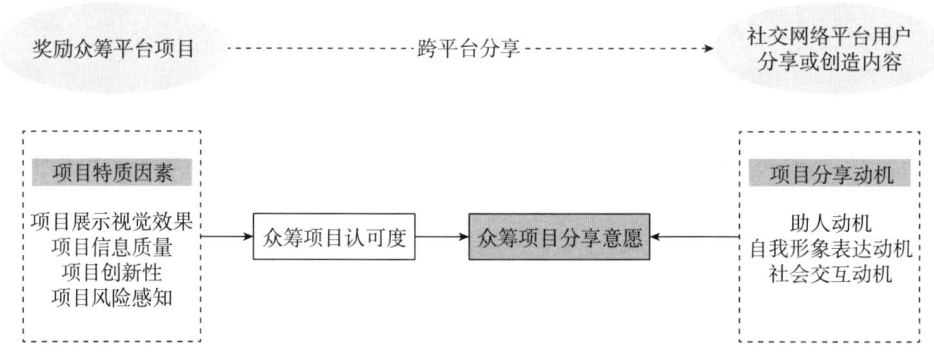

图 4.1 研究模型

4.2.1 项目特质与项目认可度

项目特质因素主要指能够激发和促进用户对项目积极态度的相关特质，从根本而言，项目特质因素反映的是用户对项目分享价值和必要性的认知。积极的项目特质因素可能会提升用户对项目分享价值的认可度，相应地，用户可能会产生更加强烈的分享意愿。

个体对事物的认知层次往往是由浅到深，参考蔡曙山和薛小迪提出的人类认知层级[128]，本章将支持者对项目的认知划分为三个层级：

（1）第一层级是项目视觉吸引力。支持者对项目的最肤浅判断和认知往往始于项目展示页面。有吸引力的图片、视频，有情怀的故事和梦想，精美优雅的文字等都可能使支持者对项目产生积极的印象，进而使支持者产生分享意愿。

（2）第二层级来自信息质量。支持者对众筹项目深层次的认知和判断来自项目信息，高质量的项目信息是支持者对项目理性认知和判断的基础，项目信息的质量主要包括信息完整性、准确性、可靠性、适当性和相关性等方面。作为个体判断和决策的基础，信息质量也可能会影响支持者对项目的态度和认知，从而影响支持者的项目分享意愿。

（3）第三层级认知是对项目创新性和风险性的认知。对项目创新性的判断是支持者对项目的更深层次认知，它是支持者在综合分析项目信息后做出的判断，它体现了支持者对项目整体潜力和未来发展的宏观判断，是对项目更深层次的认知。众筹是投资行为，支持者深刻认识到众筹存在的风险本身是科学和成熟决策的体现。在众筹项目中，支持者通过自身分析和判断，明确项目成功概率和失败风险，也是对项目深刻认知和判断的体现。支持者对项目创新性和风险性的认知可能会影响支持者对项目的认可度，进而影响支持者的项目分享意愿。

整体而言，项目展示视觉效果、信息质量、创新性和风险性都可能会影响支持者对项目的认可度和评价，而这种项目认可度会影响到支持者的众筹分享意愿。按照上述分析，本章将依次进行详细的论证。

4.2.1.1 项目展示视觉效果

项目展示视觉效果指的是项目展示页面的吸引程度。支持者对众筹项目的第一印象往往来自于项目展示页面，项目展示的视觉效果如果具备较强的吸引力，就有可能引起支持者继续浏览的欲望和兴趣，否则支持者可能会离开或者关闭项目页面。

前人的相关研究也能从侧面支持这一假设论述。前人的研究发现：网站的视觉设计、导航设计以及信息设计都有利于减轻用户在线购物过程中的消极刺激[129]，同时，网页的设计效果能够促进用户的消费和购买意愿[130]，甚至，网站设计还会影响到用户对产品和供应商的质量感知[131]。除此之外，网页设计与消费者满意度、顾客忠诚度之间也有正向关系[132]。整体而言，网页设计效果能提升用户对产品、平台产生积极态度和认知，也相应地促进了用户的购买和支付意愿。将这一研究结论类比到众筹领域，较好的项目展示页面能迅速地抓住支持者的眼球，吸引支持者继续深入浏览和了解众筹项目，相应地，支持者的分享意愿可能会更强烈。综合上述分析，本章认为，作为支持者初级层次的认知，项目展示页面的视觉效果有利于提升支持者对项目的认可程度，因此，本章提出以下研究假设：

假设1：项目展示视觉效果积极地影响支持者的众筹项目认可度。

4.2.1.2 项目信息质量

信息质量主要包括信息的准确性、完整性、适当性、可靠性和相关性等维度[133]。众筹是一种投资行为[3]，用户的投资决策非常依赖项目发起人提供的项目相关信息。准确、丰富、翔实的项目信息能够帮助众筹用户科学地评估众筹项目，较高的众筹项目信息质量可能会影响众筹用户对于项目的态度和评价。

在其他相关领域，信息质量对于个体的在线行为决策产生了重要影响，研究者们发现，在线信息质量对于消费者满意度有正向影响[53]，同时，Ghasemaghaei和Hassanein的综述性研究发现：在线信息质量积极地影响用户满意度、网站质量、信息系统使用态度、用户信任、信息系统的感知有用性和感知易用性、消费者忠诚以及持续购买意愿等[134]。将相关结果类比到众筹领域，高质量的项目信息也有可能提升支持者对众筹项目的积极态度和评价（如项目信任、项目满意度等）。基于上述分析，本章提出以下研究假设：

假设2：项目信息质量积极地影响支持者的众筹项目认可度。

4.2.1.3 项目创新性

项目创新性主要是指众筹项目产品的创新程度，它代表着项目产品区别或超越同类产品的程度。消费者偏好创新产品的特质就是消费者创新性特质[135]，从消费者创新性角度而言，如果某一项目具备的创新性越强，那么用户则可能对该项目产生更加强烈的选择偏好。相应地，用户对该项目的认可和评价可能更高。因此，从消费者创新性角度推测，项目的创新性有助于提升众筹用户对项目的认可和积极评价。除此之外，Davis等的研究发现，项目创新性对众筹项目融资绩效有积极的影响[5]，这从侧面说明具备更强创新性的众筹项目对众筹用户的吸引力更强，而这种吸引力建立的前提和基础是用户对众筹项目的高度认可和积极评价。

众筹本身就是投资活动[3]，从一般的风险投资角度而言，天使投资人和风险投资机构往往都是创新性项目的坚实拥趸，创新性项目通常意味着项目有较好的发展潜力和广阔的市场前景。创新性众筹项目由于其差异化的产品或者服务策略，更能吸引大众注意力，树立良好的形象。基于上述理论和实际分析，本章提出以下研究假设：

假设3：项目创新性积极地影响支持者的众筹项目认可度。

4.2.1.4　项目风险感知

作为投资活动，众筹必然存在风险。现阶段大部分的奖励众筹平台都实行"All or Nothing"原则，也即项目失败后，众筹用户的前期投资会原路返还。这在一定程度上降低了用户的投资风险，但仍然会牺牲用户的"货币流动性"偏好。另外，即使众筹项目获得了融资成功，在项目的后期开发过程中，也可能面临项目失败，相应的后果是众筹用户不能按时、按质、按量收到项目发起人之前的回报承诺。如果用户感知到项目存在较大的风险，则可能放弃项目支持行为。

从行为金融角度而言，风险厌恶是大众普遍存在的心理特质，它表明了个体对于风险和不确定事物的消极态度及情绪。众筹项目亦是如此，如果众筹用户在信息分析和判断之后认定项目存在较大的失败风险，则可能会对项目产生怀疑和消极认知，从而放弃支持行为。项目风险感知不利于众筹支持者对项目形成积极认可和评价，因此，本章提出以下研究假设：

假设4：项目风险感知消极地影响支持者的众筹项目认可度。

4.2.2 项目认可度与项目分享意愿

项目认可度反映的是众筹用户对于项目投资价值的判断，也即众筹用户对项目的满意程度。按照一般逻辑，如果投资人对于创业项目有较高的投资价值认可度和满意度，一般会选择支持该项目。在众筹背景下，项目的分享行为也是对项目的支持，因此，如果支持者对项目认可度较高，那么其分享项目的意愿可能更加强烈。除此之外，项目认可度较高，也意味着项目具备很强的分享价值，这种价值可能包含技术或者产品信息价值、娱乐价值以及其他社交互动价值等，这也能促进支持者的分享意愿形成。社会化电子商务背景下，消费者对产品、服务以及品牌的满意度往往能够提升消费者进行产品和服务分享的意愿[136-138]，类比到众筹领域，支持者对项目的认可和满意也有可能提升支持者的分享意愿。为此，本章提出以下研究假设：

假设5：支持者对众筹项目的认可度积极地影响支持者的众筹项目分享意愿。

4.2.3 众筹项目分享动机

4.2.3.1 助人动机

动机是驱使人们开展各种活动的内部原因，众筹支持者的分享行为同样受到各种内部和外部动机的影响。前人的研究发现：获得精神回报以及帮助他人是奖励众筹投资者的重要心理动机[23]。相似地，Allison等研究发现，具备亲社会心理特质的个体更愿意帮助项目发起人[33]。众筹的投资行为其实本身就是一种助人行为，通过资金支持帮助项目发起人实现自己的梦想，因此，具备亲社会心理特质以及助人动机都能增强人们众筹投资的行为意愿。

众筹项目的分享行为和投资行为对于项目的成功有积极的促进作用。不同于投资行为所带来的直接帮助,众筹项目分享行为对项目融资成功是一种间接的促进作用,众筹分享行为也能体现出众筹支持者对于项目的支持和帮助心理。基于上述分析,本章认为助人动机是众筹支持者项目分享意愿的重要动机之一。因此,本章提出以下研究假设:

假设6:助人动机积极地影响支持者的众筹项目分享意愿。

4.2.3.2 自我形象表达动机

众筹项目被链接到社交网络平台时,众筹支持者的项目分享行为就转变为在线社交网络参与行为,支持者分享的众筹项目信息等同于支持者在社交平台上发布的心情、说说、图片、文字和视频等内容,对于用户参与社交网络平台的动机,前人研究发现主要包括娱乐、关系维系、信息搜索、与朋友交流和获得特定事件信息、提升沟通效率、满足对他人的好奇心、增加受欢迎度等[139-143]。上述动机和驱动因素是针对一般意义上的社会网络参与行为而言,这对于本书探索众筹支持者在社交平台分享众筹项目的动机有积极的借鉴意义。

众筹用户相较于我国庞大的互联网用户群体而言,其数量仍然有限[1],所以对于大部分人而言,众筹仍然是一个比较新奇的事物。同时,众筹平台上的项目往往大都是新颖独特的产品,对于大众具有较强的吸引力。众筹支持者将众筹模式以及新颖独特的产品分享至在线社交平台、推荐给好友,一方面能够吸引好友的注意力,另一方面能够在社交圈表明自己的兴趣和爱好,标榜自己热衷时尚、潮流和新奇事物的个性。从某种意义而言,在社交网络平台发布信息和分享信息,本身就是一种表达自我的重要方式,借助众筹和众筹产品表达自我的兴趣和爱好,是符合逻辑的。除此之外,在众筹并不普及的现在,众筹用户往往都是互联网熟练或者精英用户[1],他们能成为众筹用户本身就说明他们具备对新事物的较高敏感度,通过社交平台表达自身兴趣和爱好,符合这一类用户的特点。因此,分享众筹项目到在线社交平台可能是他们出于表达自我和塑造自我形象的需求。基于上述论证，本章提出以下研究假设：

假设7：自我形象表达动机积极地影响支持者的众筹项目分享意愿。

4.2.3.3 社会交互动机

社会互动是个体与社交网络中其他个体之间的互动，它可以帮助个体获得情感支持、友谊以及鼓励等积极精神[144]。在线社交平台产生的目的是打破时间、距离以及信息不对称的限制，实现个体与个体之间的自由联系和沟通，在社交平台上，用户发布信息、分享信息以及点赞、艾特（@）好友的行为都是为了更好、更多地与好友进行互动[144]。

从社交平台的角度看待支持者的众筹分享行为，分享行为就转变为了互动行为。当众筹支持者发现一个有趣的众筹项目，可能会产生将这一特殊信息分享给好友的心理，甚至他们可能会在分享信息后艾特（@）一些可能感兴趣的好友。他们可能也希望与好友互动讨论某一特殊众筹项目，获得好友的点赞和评论。这种出于点赞、评论等互动性质的心理本身就是社会互动的体现。因此，众筹支持者将众筹项目分享到社交网络平台的行为中可能包含社会互动的心理动机。基于上述分析，本章提出以下研究假设：

假设8：社会互动动机积极地影响支持者的众筹项目分享意愿。

4.3 研究设计

4.3.1 变量测量

为了保证相关变量的信度和效度，在变量题项设置上，本章主要采纳被国外权威期刊和文献使用过的成熟量表。主要来源文献如下：助人动机的测量量表来自于 Liu，Cheung 和 Lee 的文献[145]，自我形象表达来自于 Kim，Gupta 和 Koh 的文献[144]，项目展示视觉设计效果测量量表借鉴了 Shaouf，Lü 和 Li 的文献[146]，信息质量测量量表来自于 Chavez 等[147]，项目创新性量表来自于文献 Zhang，Liang 和 Wang[148]，项目风险感知量表来自 Tseng 和 Wang[149]，众筹项目认可度采用满意度评价标准，来源文献是 Bhattacherjee[150]，而项目分享意愿来自 Chen，Chuang 和 Chen 等的文献[151]。所有测量量表采用李克特 7 级量表，其中 1 表示完全不同意，7 表示完全同意。详细量表和题项见附录 2。

4.3.2 数据收集

本章通过百度移动云测试中心的问卷调查服务收集数据。由于众筹用户的众筹分享和支持行为决策具有即时性，特别是本章中的变量项目信息等因素，无法根据以往经验进行作答。所以，本章采用"插图调研"（Vignette-based survey）的方式展开数据收集。"插图调研"是实验性调查方法的一种类型，学者们已将该调查方法应用于在线消费者行为以及心理学等研究领域[152-154]。

按照"插图调研"的一般方法，本章选择了一个真实的众筹项目并截取整个项目介绍页面作为插图和实验测试情景。受访者需要阅读完整个项目后根据自身的真实感受来作答相关题项。在问卷开始之前，我们先向受访者简单介绍了众筹的基本模式。之后，我们开始情景设置，从某众筹平台的科技类项目中选择了一个口罩杀菌项目作为测试项目，为保证信息完整，我们将项目网页全部截图插入问卷中。之所以选择口罩杀菌项目原因在于：第一，现阶段科技类众筹项目在各大奖励众筹平台占据主导地位（超过 50% 以上比例）[1]，且和创新创业关联最为紧密；第二，该类产品并不像 VR 设备、3D 打印、车载设备等产品有特殊的受众，它的用途适用于普罗大众，并不会因为产品特殊而出现特殊的产品选择偏好。

受访者首先需要浏览这个项目。为了确保受访者的项目浏览和阅读质量，我们在问卷开始前设置了3个关于该项目信息的基本问题,包括:使用该产品45分钟,对黄色葡萄球菌的净化率;该产品可以被分享到哪些社交平台;该产品的专利号。在完成了上述3个填空题之后,正式进入问卷的正文作答部分。本章样本服务共350份,剔除情景题项答错以及答题时间少于240秒以下的问卷之后,有效问卷共份213份。表4.1给出了有效样本的人口统计学描述。

表4.1 受访者人口统计学描述

测量指标	指标分类	频率(项)	比重(%)	测量指标	指标分类	频率(项)	比重(%)
性别	男	128	60.094	收入水平(元/月)	2000元以下	18	8.451
	女	85	39.906		2000~5000元	126	59.155
年龄	18岁以下	1	0.469		5000~10000元	52	24.413
	18~25岁	85	39.906		10000元以上	17	7.891
	26~30岁	102	47.887	受教育水平	小学及以下	0	0
	31~40岁	20	9.390		初中	2	0.939
	41~50岁	5	2.347		高中/中专/技校	19	8.920
	51岁以上	0	0		大专以及本科	132	61.972
					研究生及以上学历	60	28.169

4.3.3 共同方法偏差检验

本章中相关变量题项均由同一个受访者提供,易于出现共同方法偏差(Common Method Bias)问题,本章采用Harman的单因素检测法检查共同方法偏差的严重程度,检验结果显示未旋转时第一个主成分解释变异为19.39%(低于40%临界值),解释能力并不大,初步表明共同方法偏差问题并不严重[155]。本章进一步采用了潜在误差变量控制法检查共同方法偏差问题。主要步骤是:在本章正常模型的基础上,构建一个方法潜变量(Method),并将所有测量变量的题项负荷在该潜变量上,形成测试模型,通过结构方程模型得到测试模型的相关模型参数[155]。正常模型和测试模型相关参数如表4.2所示。通过表4.2可以看出，无共同方法变异因子的正常模型明显优于有共同方法变异因子模型，说明共同方法偏差问题并不严重，可以继续后续的实证分析。

表4.2 共同方法偏差检验

模型对比	χ^2/df	RMSEA	NFI	CFI	IFI
正常模型（不包含方法潜因子）	1.961	0.031	0.951	0.947	0.960
测试模型（包含方法潜因子）	39.781	0.415	0.484	0.562	0.553

4.4 实证研究

4.4.1 信度与效度检验

本章采用SmartPLS 3.0软件进行结构方程模型分析。模型检验主要包括信度检验、聚合效度和区别效度检验。其中，信度检验采用组合信度（CR）和Cronbach's Alpha（下文缩写为CA），一般要求两个数值都大于0.7；聚合效度检验采用因子载荷和平均提取方差值（AVE）检验，要求因子载荷值大于0.7，AVE值大于0.5；区别效度要求变量AVE值的平方根大于变量与其他所有潜变量之间的相关系数。信度和效度检验见表4.3和表4.4，其中，表4.4中灰色格表示变量的AVE值平方根。从两个表中可以看出，模型通过信度和效度检验。

表 4.3　信度和效度检验

Factor	Item	因子载荷	AVE	CA	CR
助人动机（EP）	EoH1	0.861	0.753	0.889	0.901
	EoH2	0.872			
	EoH3	0.870			
自我形象表达（SIE）	SIE1	0.898	0.796	0.926	0.914
	SIE2	0.869			
	SIE3	0.910			
	SIE4	0.876			
社会互动（SI）	SI1	0.895	0.751	0.884	0.894
	SI2	0.887			
	SI3	0.815			
	SI4	0.837			
项目展示视觉效果（PVD）	PVD1	0.862	0.756	0.891	0.903
	PVD2	0.862			
	PVD3	0.884			
	PVD4	0.871			
产品创新性（PI）	PI1	0.839	0.734	0.871	0.886
	PI2	0.846			
	PI3	0.885			
	PI4	0.849			
项目信息质量（IQ）	IQ1	0.836	0.631	0.855	0.867
	IQ2	0.750			
	IQ3	0.783			
	IQ4	0.823			
	IQ5	0.777			
项目风险感知（PR）	PR1	0.760	0.697	0.86	0.876
	PR2	0.795			
	PR3	0.908			
	PR4	0.869			
	PR5	0.801			
项目认可度（PS）	PS1	0.814	0.820	0.944	0.934
	PS2	0.847			
	PS3	0.830			
	PS4	0.822			

续表

Factor	Item	因子载荷	AVE	CA	CR
分享意愿（SHINT）	SHINT1	0.887	0.816	0.937	0.923
	SHINT2	0.906			
	SHINT3	0.916			

表 4.4 区别效度检验表

区别效度检验	PVD	IQ	PI	PR	PS	EP	SIE	SI	SHINT
项目展示视觉效果（PVD）	0.869								
项目信息质量（IQ）	0.392	0.794							
产品创新性（PI）	0.305	0.322	0.857						
项目风险感知（PR）	−0.231	−0.17	−0.172	0.835					
项目认可度（PS）	0.712	0.654	0.641	0.607	0.906				
助人动机（EP）	0.202	0.382	0.459	−0.205	0.364	0.868			
自我形象表达（SIE）	0.214	0.402	0.309	−0.365	0.391	0.332	0.892		
社会互动（SI）	0.270	0.316	0.421	−0.253	0.417	0.227	0.499	0.867	
分享意愿（SHINT）	0.577	0.612	0.491	−0.316	0.729	0.714	0.698	0.739	0.903

表 4.5 给出了模型的多重共线性检验，由表可知，变量的 VIF 值都小于 10，说明变量之间不存在多重共线性。

表 4.5 多重共线性检验

变量关系	VIF 值	变量关系	VIF 值
助人动机→项目认可度	2.957	项目风险感知→项目认可度	1.171
产品创新性→项目认可度	2.862	项目认可度→分享意愿	2.694
项目信息质量→项目认可度	2.861	社会互动→分享意愿	3.266
项目展示视觉效果→项目认可度	2.448	自我形象表达→分享意愿	3.645

4.4.2 假设检验

本章 SamrtPLS 检验路径系数显著性。最终模型检验结果如表4.6所示。其中 adj–R^2 为0.705，说明方程的解释度较高，变量选取合适。

表4.6 假设检验表

假设关系	系数	标准差	T值	p值	验证结果
项目展示视觉效果→项目认可度	0.150	0.059	2.549	0.011	支持
信息质量→项目认可度	0.130	0.075	1.735	0.083	支持
产品创新性→项目认可度	0.122	0.071	1.712	0.087	支持
项目风险感知→项目认可度	-0.087	0.036	-2.407	0.016	支持
项目认可度→项目分享意愿	0.195	0.076	2.560	0.000	支持
助人动机→项目分享意愿	0.174	0.074	2.356	0.019	支持
自我形象表达→项目分享意愿	0.166	0.086	1.935	0.053	支持
社会互动→项目分享意愿	0.216	0.088	2.457	0.014	支持

从众筹平台的角度而言，项目展示视觉效果（β=0.150，p=0.011）、项目信息质量（β=0.130，p=0.083）、产品创新性（β=0.122，p=0.087）都对支持者的项目认可度有积极的正向影响，项目风险感知（β=-0.087，p=0.016）对支持者的项目认可度有负向影响。假设1~假设4得到验证。同时，项目认可度（β=0.195，p=0.000）对支持者的项目分享意愿有较大的积极影响。这说明，当众筹支持者对某一众筹项目有较大程度的认可时，其项目分享意愿更为强烈，假设5得到验证。助人动机（β=0.174，p=0.019）通过了显著性水平检验，表明助人动机是支持者分享行为的一个重要驱动因素，假设6得到验证。从社交网络平台而言，自我形象表达（β=0.166，p=0.053）以及社会互动（β=0.216，p=0.014）都通过了显著性水平检验，说明支持者的分享动机中包含社交网络中塑造自身形象和增强好友互动的成分，假设7和假设8得到验证。

4.5 结论与启示

4.5.1 研究结论

本章以众筹支持者的项目分享意愿为研究问题,从众筹平台和社交网络平台两个角度分析众筹支持者项目分享意愿影响因素,通过考察不同平台上的分享动机,以及众筹项目特质、项目认可度等因素,得到了以下研究结论:

(1)支持者对众筹项目的认可度直接影响其分享意愿。支持者分享众筹项目的前提和基础是支持者对众筹项目有较高的认可和评价。对于众筹投资行为而言,项目质量、发展潜力、市场前景等都是众筹用户投资决策的重要考量因素,对于众筹项目而言,支持者的分享行为同样可以促进其融资绩效,分享和投资行为具有相似的行为效果,那么其行为触发因素就可能相似。本章的结论也确实证明了这一点,要触发和启动支持者的分享意愿,其重要前提和基础是项目需要获得支持者的认可和满意。

(2)项目展示视觉效果、项目信息质量以及项目创新性能够有效地提升支持者对项目的积极评价和认可,而支持者的项目风险感知则会降低支持者对项目的认可度。前人的对于网页设计效果的研究主要存在于在线购物平台[129],本章从众筹领域进一步验证了众筹项目页面设计的重要性,其中典型的因素如视觉效果、信息质量等都直接关系到支持者对众筹项目的认可和评价。信息质量直接影响支持者投资和分享决策的科学性,项目信息质量较高,则用户在决策过程中不会遇到分析和判断障碍。如果众筹项目没有展示相关的关键信息,需要用户跨平台搜索才能获得相关信息,则可能引起用户的消极认可和评价,不利于用户对项目认可度的提升。

对于项目创新性的认识，前人的研究证明，项目创新性特征直接影响项目融资绩效[7]，本章的研究发现，项目创新性同样可以影响支持者对项目的评价。本章的研究证明：无论对于支持者的投资还是分享行为，项目创新性都对其行为决策有深刻的影响。同时，由于众筹是投资行为，人们往往愿意规避风险，因此支持者的风险感知会降低支持者对项目的认可和评价。

（3）从众筹平台而言，支持者的分享意愿受到助人动机的驱动，从社交平台而言，支持者的分享意愿受到自我形象表达和社会互动动机的驱动。从众筹平台而言，众筹分享行为也有助于项目的融资成功，因此，支持者的项目分享行为也包含了帮助项目发起人的心理动机，也即助人动机。当众筹项目链接到社交网络平台时，众筹项目分享行为就演变为了一个社交网络平台上的用户内容分享和内容创造行为，支持者以众筹为工具和载体，以实现自身的形象表达和社会互动诉求。

4.5.2 理论贡献

众筹项目的分享行为涉及两个平台，分别是众筹平台和社交网络平台。在众筹平台，这一行为是一种众筹支持行为，而在社交网络平台，这一行为则演变为用户内容创造行为。通过对这一跨平台的支持者分享行为研究，本章的研究结论具有以下理论贡献：

（1）揭示了信息内容对于支持者分享意愿的影响。对于分享行为的研究，前人的研究主要包括在线社交平台信息分享行为，社会化电子商务情境下的消费分享行为，组织或在线社区内的知识分享行为[156,157]，研究重点也比较集中于个体心理动机（如社会支持、自我价值实现、社区认同、情感承诺等）以及组织内的因素（如组织互惠准则、分享氛围、集体主义价值观等）的研究[156,157]。由于分享内容（众筹项目）带有明显的投资性质，使得众筹项目的分享行为不同于上述情境下的信息或知识分享行为。由于众筹项目带有一定的风险性以及投资的谨慎性,因此,相较于一般情境下的信息分享行为,众筹支持者的分享随意性较弱。他们的分享行为往往更加注重分享内容质量(如项目的创新性、风险性以及信息质量等)。这一研究表明,对于支持者的分享行为认知,除了从一般意义上的动机等内在心理上角度探寻外,也需要对分享情境和分享内容进行区分研究。

(2)证明了众筹支持者项目分享意愿的三个重要动机:助人动机、自我形象表达动机和社会互动动机。在本章的研究中,我们将众筹分享行为分解为跨平台分享行为,从两个平台分别提炼出分享动机。在众筹平台,分享行为也有助于项目成功和融资绩效提升,助人动机就是这一行为结果的前置驱动因素,而当支持者通过链接进入社交网络平台时,众筹项目就演变为支持者塑造自我形象和社会互动的工具。因此,支持者的分享行为同样受到自我形象表达和社会互动动机的影响。

众筹分享行为涉及两个平台,这不同于一般意义上的用户分享行为,因此,对这一行为的研究需要从两个层面进行分析。本章提炼的三个动机分属于不同的平台层面,这种对分享行为进行分解研究的方法有助于我们更加全面和深入地了解支持者的众筹分享行为。

4.5.3 管理启示

就我国现阶段的众筹市场格局而言,存在明显的"寡头垄断"[1],淘宝、京东和苏宁三个具有电商背景的众筹平台垄断了近90%的众筹市场[1],中小型众筹平台其实处于缺乏项目和流量的尴尬境地。通过用户的社交网络传播众筹项目和众筹平台,无论对于项目本身还是众筹平台都有着较大的积极意义。本章的研究结论具有以下管理实践的启示:

(1)注重众筹项目质量、加强项目的风险管控。对于众筹平台而言,要加强项目上线的审核和尽职调查，及时排除虚假项目以及低质量、缺乏创新和创意、缺乏市场前景以及缺乏后期保障的众筹项目。通过众筹平台的前期监督和审核，有效地帮助众筹用户清理相关不合格项目，提升众筹平台整体的项目质量，增强用户对众筹平台的整体认可和评价。

对于项目发起人而言，发起人可以尝试在项目展示页面专门对项目风险进行说明，或者与支持者进行积极的互动，详细解释项目风险来源，项目团队对风险的管控措施，通过真诚的对话赢得用户信任。

（2）改进项目页面设计。对于众筹平台和众筹项目发起人而言，注重网站和页面设计非常重要，但遗憾的是，现阶段大部分众筹网站的页面设计都过于单一，千篇一律，缺乏特色，不能给用户眼前一亮的吸引力。这样的网站设计很难打动用户，难以使用户获得积极的众筹体验。国内部分众筹平台已经开始进行相关方面的尝试，如开始众筹（www.kaishiba.com）将平台定义为用户"报复平庸的方式"，以一种全新的文艺化手法讲述众筹故事，讲述普通人和创业者的梦想与情怀，这一特点明显不同于一般众筹平台。这对于国内众筹网站的设计和发展是一个值得借鉴的案例。

（3）拓展合作平台，外部激励提升支持者分享意愿。现阶段众筹平台可以直接链接的社交平台都是以熟人网络为中心的社交平台（如QQ空间、微信等），而对于由"弱关系"为基础的社交平台（如陌陌等）则鲜有进行相关合作和联系，众筹平台可以尝试与以弱关系为核心的社交平台开展合作。另外，为了提升众筹支持者的分享意愿，众筹平台和项目发起人可以适当地奖励支持者的分享行为，以激励和提升支持者的分享意愿。这对于众筹平台和项目的影响力提升都是有积极意义的。

本章小结

本章主要探索奖励众筹支持者的分享意愿影响因素,为了解决上述问题,本章从众筹平台和社交网络平台两个层面分析支持者分享意愿影响因素,通过实证研究得到以下研究结论:众筹平台层面,支持者对项目的认可度以及支持者的助人动机积极地影响支持者的分享意愿,而支持者对项目的认可度受到项目展示视觉效果、信息质量、项目产品创新性以及众筹支持者的风险感知的影响;在社交网络平台层面,支持者的分享意愿受到自我形象表达和社会互动动机的驱动。本章的研究内容属于众筹支持者关键主体的第二个行为研究内容,这为下一步研究内容奠定了基础。

第 5 章 众筹支持者持续参与行为研究

承接第 3 章和第 4 章的研究内容,第 5 章继续研究众筹平台的关键主体支持者的众筹持续参与意愿。这一研究内容是众筹平台关键主体支持者的第三个行为研究,与第 3 章和第 4 章共同构成了众筹支持者三种行为研究。前文已叙,本章研究内容依旧主要针对奖励众筹平台。

5.1 问题描述

2011 年 7 月"点名时间"的上线,标志着中国互联网众筹的开端。六年时间里,中国互联网众筹获得迅猛的发展,截至 2016 年 12 月底,我国正常运营的众筹平台约为 337 家,众筹行业历史累计成功筹资金额达到 363.95 亿元[1]。众筹帮助成千上万的创业者和创业项目获得了成功,产生了巨大的积极的社会效应。但是,在辉煌成绩背后,我国众筹行业也面临着巨大的问题和挑战,根据零壹财经发布的数据,截至 2016 年底我国互联网众筹平台约有 271 家倒闭、转型、歇业甚至潜逃,占总数的 44.6%[2]。近半数众筹平台走向失败,我国众筹行业面临严峻挑战。

什么原因导致了这些众筹平台走向失败？另一组统计数据也许能说明一些问题。2016年，我国奖励众筹平台的总支持人次为3454万人，而淘宝众筹、京东众筹和苏宁众筹的支持人次分别为1765.9万、1034.6万和414.1万，三个平台合计占整个行业的比重为93.1%[2]。对于奖励众筹平台而言，大量的支持人次和流量有利于吸引优质众筹项目入驻平台，进而吸引众筹用户投资和支持，两者的良性循环是奖励众筹平台发展的关键，用户数量和用户忠诚度是奖励众筹平台生存和发展的重要资源。拥有电商背景的众筹平台能够将海量电商用户引流到众筹平台，易于取得市场成功。对中小型奖励众筹平台而言，一方面要吸引新众筹用户进入平台，另一方面要注重培育用户的忠诚度，提升用户持续参与众筹的意愿。在这样的现实背景下，理解和把握用户持续参与众筹意愿有助于中小型奖励众筹平台逐步增加支持人次和平台流量，提升平台竞争力。因此，本章提出了"奖励众筹支持者众筹持续参与意愿"这一研究问题。

期望确认理论自Oliver（1980）提出后，就在消费者持续购买行为、信息系统持续使用等领域获得广泛应用[158]，本章尝试将期望确认理论引入众筹领域，研究奖励众筹支持者的持续参与意愿，以期为众筹学术研究以及中国众筹行业做出有益贡献。

5.2 研究假设

在消费者行为和信息系统研究领域，期望确认理论都有广泛的应用[159,160]。奖励众筹的支持行为类似于一般消费者的预购行为[161]，众筹支持者的持续参与行为可能会受到众筹后的期望确认程度影响，而这种期望确认程度可能会在一定程度上影响支持者的众筹满意度和持续参与意愿，所以本章采用期望确认理论研究奖励众筹支持者的持续参与意愿。众筹网站的界面设计以及众筹支持者的安全感知是支持者良好众筹体验的基础，因此，本章进一步考察了支持者众筹体验因素：支持者界面体验和众筹安全感知。个体特质是影响个体态度、行为意愿的重要因素[162]，研究支持者的众筹持续参与意愿也需要探究个体特质因素影响。由于众筹具备一定风险性，特别是涉及个体金融投资行为，个体的风险偏好可能会影响支持者持续参与意愿；除此之外，奖励众筹产品往往都是新颖的、独特的产品[3]，支持者如果有明显的独特性、创新性产品偏好，那么他们可能愿意持续地参与到奖励众筹中，而消费者创新性就是这一个体特质的表述，因此本章也考察了财务风险容忍度和消费者创新性特质对奖励众筹支持者持续参与意愿的影响。本章的模型框架如图 5.1 所示。

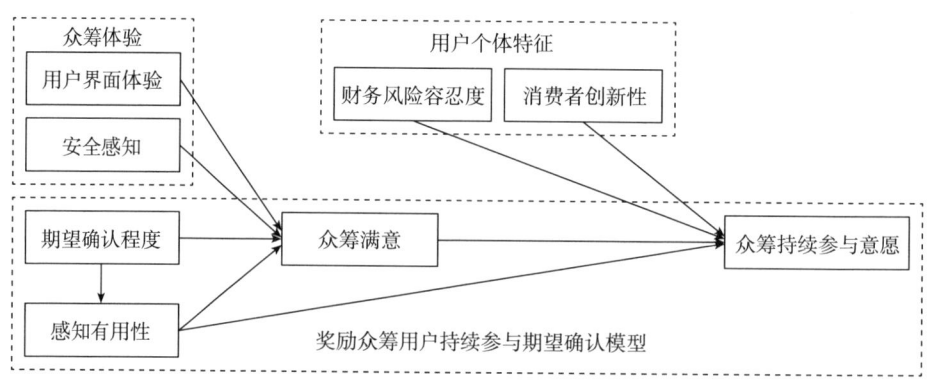

图 5.1　研究模型

5.2.1　众筹支持者的期望确认模型

满意度主要指消费者在产品和服务体验完成后形成的对产品和服务的主观态度及认知[163]。在众筹背景下，支持者的众筹满意度主要是指支持者在体验完众筹后形成的对众筹的认知和态度。Bhattacherjee 认为，用户的信息系统满意度会积极地影响用户的信息系统持续使用意愿[163]，而在顾客满意度模型中，顾客满意度能有效地降低顾客抱怨，提升顾客忠诚[164]，在众筹背景下，支持者的众筹满意度也有可能会促进支持者持续参与众筹的意愿。基于上述理论分析，本章提出以下研究假设：

假设1：支持者众筹满意度正向影响支持者众筹持续参与意愿。

期望确认程度指的是：用户实际体验之后证实的最初期望的程度[158]。现实中的主要体现是用户在使用某产品或服务之后的体验与使用前的期望对比。期望确认理论认为，用户的期望确认程度越高，表示用户对产品或服务的体验越好，相对应的满意度也越高[158]。在众筹背景下，支持者在众筹体验后如果有比较高的期望确认程度，那就意味着支持者在较大程度上实现了自身的众筹期望，相应的众筹支持者可能会有比较积极的众筹感知。为此，本章提出以下研究假设：

假设2：支持者的期望确认程度正向影响支持者的众筹满意度。

Bhattacherjee 研究认为，期望确认程度积极地影响用户的感知有用性[163]。感知有用性这一概念来源于技术接受模型，表述的是用户认为使用某一系统之后对其个人工作业绩的提高程度[165]。在众筹背景下，感知有用性主要体现的是支持者通过众筹获得的积极众筹体验，新颖的奖励产品以及其他相关的乐趣等。众筹支持者的期望确认程度越高，代表支持者对众筹的认可度越高，那么相应地，也就意味着支持者较大程度上感知到了众筹所带来的"获得感"。根据上述分析，本章提出以下研究假设：

假设3：支持者的期望确认程度正向影响支持者的感知有用性。

承接上文的论述，支持者对众筹的有用性感知越高，往往代表着支持者在众筹活动中有较高的"获得感"，体验到了众筹对其生活、娱乐方面带来的提升，因此这种较高的有用性感知可能带来支持者对众筹的满意度提升。此外，这种由众筹带给支持者的生活、娱乐方面的促进作用可能会驱使支持者持续地参与到众筹活动中。Bhattacherjee 的信息系统持续使用模型也认为个体对信息系统的有用性感知会积极地影响用户的信息系统满意度和持续使用意愿[163]，这种心理机制类比到众筹背景中也可能存在。因此，本章提出以下研究假设：

假设4：支持者对众筹的感知有用性正向影响支持者的众筹满意度。

假设5：支持者对众筹的感知有用性正向影响支持者众筹持续参与意愿。

5.2.2 支持者众筹体验与众筹满意

5.2.2.1 用户界面

在信息系统研究领域，用户界面指的是系统易于被理解和接受的程度，其中包括的维度有信息易于被检索，功能设计合理，界面视觉设计、相关功能特征易于理解，系统易于被使用等[158]。用户界面和网站设计对于个体主观认知以及行为决策有重要影响[166]。从网站设计以及用户界面设计的美学而言，在线购物平台的网页界面设计（如视觉设计、导航设计以及信息设计）是网站质量的关键因素，能有效降低消费者的消极购物体验[166]，旅游网站的网页界面设计效果正向影响消费者的支付意愿[167]。从网站和用户界面的信息质量、功能设计角度而言，网站设计还影响用户对产品和供应商的质量感知[168]。

众筹作为一个全新的事物，全新的商业模式，虽然在我国有了长足的发展，但受众群体数量相对于我国互联网用户总体数量而言，其比例仍然很小[2]，对于很大一部分互联网用户而言，众筹仍然是一个陌生的概念。同时，由于众筹涉及个体的财务方面，因此众筹用户在初次众筹时，往往存在一种"陌生感"和"财产安全敏感性"交织的情绪状态。前人研究发现，网站设计以及用户界面能够有效提升用户的积极感知和体验[166]，将前人的结论类比到众筹领域，本书从理论层面推测：众筹网站的设计以及用户界面也能有效提升众筹支持者的积极众筹体验。从实践层面分析，在用户的实际众筹过程中，准确、详细的众筹模式介绍、有趣可爱的众筹操作指南、简洁精致的功能设定等都可能吸引用户的注意力,增强用户对众筹的理解和信任,逐步降低用户初次众筹的陌生感和谨慎态度,最终给用户留下积极的用户体验。综合理论推测和实践分析,本章认为:一个视觉设计新奇优美、功能信息齐全、操作简易的众筹用户界面和网站设计能够消除支持者的陌生感,冲淡对财产安全的敏感性,唤起支持者继续浏览的欲望,并能最终提升支持者的众筹体验和众筹满意度。因此,本章提出以下研究假设:

假设6:众筹平台用户界面正向影响众筹支持者的众筹满意度。

5.2.2.2 感知安全

互联网的发展带给了我们更加便捷的生活方式,但与此同时,安全问题也持续存在。这导致了人们在使用互联网及其相关工具时越来越关注安全问题[158]。网络实名制后,众筹网站涉及个人真实的用户信息。同时,由于众筹模式需要支持者在线完成对项目的支持和投资,因此,除了个人信息安全之外,财务安全也是支持者关心的问题之一。本书中安全感知主要是指支持者感知到的来自众筹平台的安全防范服务和措施。

安全问题是用户使用在线应用时强烈关注的问题[158],前人的大量研究也表明,安全问题消极地影响着用户在线行为意愿[169,170]。类似地,在众筹平台上,众筹支持者同样会认真地审视众筹平台的信息和财务安全保障措施,如果支持者在众筹过程中能够有效地感知众筹平台提供的安全防护措施,则可能会免除其对安全的忧虑并提升众筹体验,提升对众筹平台的信任,进而提升支持者众筹满意度。基于上述分析,本章提出以下研究假设:

假设7:支持者的感知安全正向影响其众筹满意度。

5.2.3 支持者个体特质与持续参与意愿

5.2.3.1 消费者创新性

消费者创新性是消费者个体特质的一个重要方面,它主要指:消费者更倾向于购买新上市的新产品[171,172]。这种特质反映了个体愿意尝试新产品的心理特质。换言之，如果消费者的这种特质越强，那么他们就有比其他消费者更强的接受新产品的意愿。消费者创新性是理解个体新产品采纳行为以及预测消费者创新购买行为的一个重要概念[172]。相关研究发现，消费者创新性显著地影响着用户的绿色消费行为、新产品采用行为和新技术接纳意愿[173-175]。消费者创新性作为一种心理特质，是一种固有的特质，这种特质在不同的新创产品采纳和购买行为中都能体现[171]。

奖励众筹中的大部分产品都是新颖独特和具备创新性的产品[3]，按照消费者创新性的定义，消费者创新性特质越强的用户，越倾向于选择新颖独特的产品。在众筹背景下。具备这种特质的支持者可能会主动地、持续性地登录众筹平台和参与众筹项目，支持者的消费者创新性特质可能会促使支持者持续性地参与和支持众筹项目。综合上述分析，本章提出以下研究假设：

假设8：支持者的消费者创新性特质积极地影响其众筹持续参与意愿。

5.2.3.2　财务风险容忍度

奖励众筹也是一种投资行为，众筹用户的支持行为也会面临风险和不确定性问题。现阶段大部分众筹平台都遵循"All or Nothing"原则，也即如果众筹项目在规定时间内没有达到融资目标，筹资失败，所有募集资金会原路退还给投资者。这在一定程度上减轻了众筹用户的风险。但即使项目融资成功了，支持者也不能完全保证项目发起人能够获得项目开发的成功。融资成功的项目，在后期的产品开发过程中也可能失败，一旦项目失败，用户的支持资金就可能面临损失。

面对不确定性风险，个体往往会表现出"风险厌恶"特质[176,177]。在众筹背景下，用户面临的财务风险依然比较严峻。财务风险容忍度表示的是个体愿意接受财务风险的程度[177]，如果个体的风险容忍度比较高，那么意味着个体愿意接受较高风险的理财业务，反之，则表示个体对高风险理财业务持有保守和拒绝态度。在众筹背景下，个体的财务风险容忍度也可能会影响众筹用户的行为决策。

当用户有较高的财务风险容忍度时，众筹风险在其行为决策中可能会产生更小的影响力，有助于用户持续参与众筹项目。如果用户有较低的财务风险容忍度，众筹风险可能会成为其参与众筹项目的一个重要阻碍，不利于用户持续参与众筹项目。基于上述分析，本章提出以下研究假设：

假设9：支持者的财务风险容忍度正向影响支持者众筹持续参与意愿。

5.3 研究设计

5.3.1 变量测量

为了保证相关变量的信度和效度，在变量题项设置上本章主要采纳被国外权威期刊和文献使用过的成熟量表。主要来源文献如下：期望确认程度、感知有用性、众筹满意度以及众筹持续参与意愿四个变量来源于 Bhattacherjee 发表于 MISQ 经典文献[150]，用户界面以及感知安全来源于 Oghuma 的文献[158]，消费者创新性来源于 Hong，Lin 和 Hsieh 发表的论文[171]，财务风险容忍度借鉴了 Fisher 和 Yao 的文献[177]，测量方法是直接向受访者询问愿意接受的财务风险程度，该变量只包含一个测量题项。所有测量量表采用李克特7级量表，其中1表示完全不同意，7表示完全同意。除了上述变量之外，本章进一步考察了相关控制变量对核心变量的影响，包括年龄、性别、受教育程度以及收入水平等。详细量表见附录3。

5.3.2 数据收集

本章采用问卷调查收集相关变量和题项数据。在正式问卷开始前，我们向被访者简单地介绍了众筹的基本运作模式以帮助受访者唤起相关众筹回忆。为防止受访者在没有众筹体验的情况下作答,我们要求受访者填写"参与的众筹平台"和"参与的众筹项目名称"。最后,本章根据受访者对这两个问题的回答判断受访者是否具备众筹经历,并在数据分析阶段删除没有众筹经历的无效问卷。

本章的问卷收集平台是百度移动云测试中心,用户上传问卷后,平台会将问卷随机发放给注册用户。调研阶段使用了百度测试平台的样本服务(500份),最后在500份初步回收的问卷中删除了236份无效问卷,无效问卷主要是在回答"参与的众筹平台"和"参与的众筹项目名称"两个题项时填写错误、不完整和空白的问卷。最后,本章共获得有效问卷264份。有效受访者人口统计学特征如表5.1所示。

表 5.1 样本的人口统计学特征

测量指标	指标分类	频率(次)	比重(%)	测量指标	指标分类	频率(次)	比重(%)
性别	女	82	31.06	年龄	19岁及以下	2	0.76
	男	182	68.94		20~29岁	184	69.70
地区	农村	93	35.23		30~39岁	72	27.27
	城市	171	64.77		40~49岁	6	2.27
月收入(元)	1000以下	6	2.27		50岁及以上	0	0
	1001~2000	24	9.10	受教育程度	小学及以下	0	0
	2001~3000	53	20.085		初中	15	5.68
	3001~5000	95	35.985		高中/中专/技校	34	12.88
	5001~8000	46	17.42		大学专科	53	20.08
	8001~10000	28	10.61		大学本科	147	55.68
	10000以上	12	4.54		硕士研究生及以上	15	5.68

5.3.3 共同方法偏差检验

本章中相关变量题项均由同一个受访者提供,易于出现共同方法偏差问题,本章采用了两种方法检查共同方法偏差问题：Harman 的单因素检测法和潜在误差变量控制法[178-180]。首先采用 Harman 的单因素检测法，检验结果显示未旋转时第一个主成分解释变异为 31.79%（低于 40% 临界值），解释能力并不大，初步表明共同方法偏差问题并不严重。其次采用潜在误差变量控制法检验，检验步骤已在第 3 章和第 4 章有详细论述，在此不再赘述。检验结果如表 5.2 所示。

表 5.2 共同方法偏差检验

模型对比	χ^2/df	RMSEA	NFI	CFI	IFI
正常模型（不包含方法潜因子）	1.998	0.054	0.966	0.937	0.929
测试模型（包含方法潜因子）	41.677	0.305	0.491	0.501	0.504

通过表 5.2 可以看出，无共同方法变异因子的正常模型明显优于有共同方法的变异因子模型，说明共同方法偏差问题并不严重，可以继续后续的实证分析[178]。

5.4 实证研究

5.4.1 模型检验

本章采用基于偏最小二乘法估计的 SmartPLS 软件进行模型估计。模型检验主要包括信度和效度检验。信度检验采用 Composite Reliability（下文缩写为 CR）和 Cronbach's Alpha（下文缩写为 CA），表 5.3 中 CR 和 CA 两个值都大于 0.7，通过信度检验。效度检验包括聚合效度和区别效度，聚合效度检验主要采用因子载荷和平均提取方差（AVE）来验证，一般要求因子载荷系数大于 0.7，同时 AVE 值大于 0.5。表 5.3 中所有潜变量都符合上述要求，说明聚合效度较好。区别效度检验要求变量 AVE 值的平方根大于变量与其他所有潜变量之间的相关系数，检验结果如表 5.4 所示。观察表 5.4 数据可知模型通过区别效度检验。

表5.3　信度检验和聚合效度检验

变量	题项	因子载荷	AVE	CA	CR
用户界面（UI）	UI1	0.863	0.787	0.863	0.916
	UI2	0.739			
	UI3	0.867			
	UI4	0.863			
	UI5	0.735			
	UI6	0.903			
	UI7	0.835			
	UI8	0.833			
	UI9	0.814			
感知安全（PS）	PS1	0.842	0.747	0.847	0.859
	PS2	0.846			
	PS3	0.947			
	PS4	0.849			
消费者创新（CI）	CI1	0.837	0.767	0.856	0.884
	CI2	0.920			
	CI3	0.731			
	CI4	0.714			
财务风险容忍度（FRT）	FRT	1	1	1	1
期望确认程度（CON）	CON1	0.923	0.721	0.822	0.833
	CON2	0.873			
	CON3	0.853			
众筹满意度（SAT）	SAT1	0.959	0.691	0.804	0.818
	SAT2	0.779			
	SAT3	0.889			
	SAT4	0.767			
感知有用性（PU）	PU1	0.848	0.796	0.910	0.936
	PU2	0.767			
	PU3	0.946			
	PU4	0.902			

第 5 章　众筹支持者持续参与行为研究

续表

变量	题项	因子载荷	AVE	CA	CR
持续支持意愿（CFI）	CFI1	0.824	0.781	0.861	0.889
	CFI2	0.952			
	CFI3	0.711			

表 5.4　区别效度检验

变量	UI	PS	CI	FRT	CON	SAT	PU	CFI
用户界面（UI）	0.887							
感知安全（PS）	0.396	0.864						
消费者创新（CI）	0.183	0.216	0.876					
财务风险容忍度（FRT）	0.457	0.302	0.268	1				
期望确认程度（CON）	0.218	0.220	0.334	0.257	0.849			
众筹满意度（SAT）	0.618	0.701	0.233	0.149	0.693	0.831		
感知有用性（PU）	0.196	0.206	0.243	0.271	0.776	0.734	0.892	
持续支持意愿（CFI）	0.186	0.182	0.741	0.371	0.274	0.791	0.720	0.884

5.4.2　假设检验

本章检验结果如表 5.5 所示。结果显示，控制变量中，受教育水平对众筹支持者的持续参与意愿有显著的正向影响，而性别、年龄、收入水平等因素对支持者的持续参与意愿没有产生显著的影响。在期望确认模型的相关变量中，众筹满意度对支持者持续参与意愿有显著的正向影响，期望确认程度对众筹满意度以及感知有用性有显著正向影响，感知有用性对众筹满意度和持续参与意愿有显著正向影响，研究假设 1～假设 5 都得到了验证。研究假设 6 和假设 7 主要考察支持者众筹体验对于众筹满意度的影响，实证结果也支持了研究假设 6 和假设 7。在支持者特质变量中，消费者创新性特质正向影响支持者持续参与意愿，假设 8 得到验证。财务风险容忍度则对支持者众筹持续参与意愿没有产生显著的影响，假设 9 没有得到验证，相关原因分析见结论与讨论部分。

表 5.5 假设检验结果

变量类别	研究假设	路径系数	T值	p值	验证结果
控制变量	性别→众筹持续参与意愿	0.011	0.291	0.771	不支持
	年龄→众筹持续参与意愿	0.003	0.068	0.946	不支持
	收入→众筹持续参与意愿	-0.053	1.100	0.272	不支持
	受教育程度→众筹持续参与意愿	0.085	2.139	0.033	支持
期望确认理论相关变量	假设1：众筹满意度→众筹持续参与意愿	0.635	4.123	0.000	支持
	假设2：期望确认程度→众筹满意度	0.170	1.997	0.049	支持
	假设3：期望确认程度→感知有用性	0.845	37.691	0.000	支持
	假设4：感知有用性→众筹满意度	0.367	4.034	0.000	支持
	假设5：感知有用性→众筹持续参与意愿	0.244	3.663	0.000	支持
用户众筹体验变量	假设6：用户界面→众筹满意度	0.155	1.937	0.055	支持
	假设7：感知安全→众筹满意度	0.272	2.875	0.004	支持
用户个体特质变量	假设8：消费者创新→众筹持续参与意愿	0.156	2.470	0.020	支持
	假设9：财务风险容忍度→众筹持续参与意愿	0.294	1.588	0.201	不支持

5.5 结论与启示

5.5.1 研究结论

基于众筹学术研究的不足和众筹产业发展现实，本章提出了"众筹支持者持续参与众筹意愿研究"这一研究问题，以期望确认理论为基础，同时考虑支持者众筹体验以及支持者个体特征，本章构建了奖励众筹支持者持续参与众筹意愿影响因素模型，研究结论如下：

（1）受教育程度积极地影响支持者众筹持续参与意愿，并且是唯一显著的控制变量。一般而言，受教育程度越高，对新事物的认知能力和接受能力也越高,本章的研究中也证实了这一点,拥有较高教育程度的支持者往往愿意继续参与到奖励众筹中。

(2)支持者的众筹体验(用户界面和感知安全)正向影响其众筹满意度。网页设计和用户界面是众筹平台留给支持者的第一印象,吸引人的视觉设计、人性化导航设计和简洁明了的功能介绍都能给支持者留下深刻的第一印象,提升支持者的众筹满意度。除此之外,众筹涉及支持者的个人信息安全和财产安全,如果支持者能感知到平台有效的安全保障措施,就能免除支持者的后顾之忧,进而提升支持者的众筹满意度。

(3)支持者的消费者创新性特质正向影响其众筹持续参与意愿,而财务风险容忍度对支持者的众筹持续参与意愿没有产生显著影响。消费者创新性特质代表着个体对于独特新颖产品的偏好程度,由于奖励众筹平台的项目往往都是创新性产品,符合个体对创新产品的偏好,因此消费者创新性特质对支持者的持续参与意愿产生正向影响。

而支持者的财务风险容忍度特质对支持者的持续参与众筹意愿没有产生显著的影响,其原因可能包含以下三个方面:第一,"All or Nothing"原则减轻了用户的风险感知。现阶段众筹平台往往采用"All or Nothing"原则,这意味着一旦项目失败,用户的支持资金会原路退回,这在一定程度上减轻了众筹用户对风险的忧虑;第二,用户缺乏风险教育,对众筹风险认知不足,众筹平台缺乏对投资人的风险教育和提醒,众筹用户对众筹存在的风险并没有清晰的认知;第三,奖励众筹风险损失小,用户对可能存在的风险并不敏感。奖励众筹投资小,可能存在的风险损失在用户可承受范围之内,用户并不在意众筹风险可能带来的损失,因此用户对风险感知并不敏感,也不会影响用户的众筹行为决策。上述三个原因可能导致了支持者的财务风险容忍度对其众筹持续参与意愿没有产生显著的影响。

(4)感知有用性对支持者的众筹满意度和持续参与意愿产生了积极的影响,

期望确认程度对于支持者的众筹满意度和众筹有用性感知有积极影响，同时，支持者的众筹满意度对其持续参与意愿产生了积极的影响。感知有用性体现的是众筹支持者在众筹过程中体验到的"获得感"，这种"获得感"能直接影响支持者对众筹的态度和持续参与众筹的意愿。期望确认程度代表着支持者在众筹体验后与体验前的预期对比，确认程度越高，众筹预期实现的程度越高，相应的支持者的众筹满意度也越高。本章的研究结论也证明了期望确认理论在众筹领域同样适合。

5.5.2 管理启示

本章的研究背景是大量中小型众筹平台转型和倒闭，其中的重要原因是大型众筹平台吸引了 90% 以上的众筹人次，中小型众筹平台积极保有原有众筹用户、吸引新用户成为其发展过程中的必要手段和策略。本章的研究结论对众筹平台维持和保有用户量有积极的启示，主要包括以下方面：

（1）增强众筹用户的满意度是用户回流的核心驱动力。众筹满意度包括两方面含义：第一是众筹项目浏览和选择过程中的众筹体验，其中包括众筹平台页面设计以及个人信息和财务安全感知。根据这两点内容，众筹平台可以尝试在以下方面进行改进：首先是确立网站风格和特色，讲好众筹故事。现阶段一部分众筹平台的网页设计都在向用户传递一种信息：创业、投资、潮流等。这种刻板和标签化的印象直接导致众筹平台千篇一律。其次众筹模式应有新突破。如果中小型众筹平台缺乏自身特色，难以刺激用户的兴奋点，难以给用户留下眼前一亮的感觉，那么其将很难吸引新用户，维持老用户。在京东、淘宝等寡头型众筹平台的围剿下，中小型众筹平台应该积极地尝试"内外兼修"的创新，通过求新、求异、求变来发展自身。

第二是风险和安全感知。对于众筹平台而言，要加强风险控制。风险控制对于不同的角色有不同的含义，对于众筹用户而言，应向用户公开透明平台的风险防范措施，保证用户的信息和财务安全。比如包括众筹资金运营和托管情况、众筹平台与第三方支付平台的安全合作以及监管情况、众筹资金的投后管理和监管情况等。除了向用户进行风险控制说明外，众筹平台还需要不断加强项目风险评估和监管。现阶段，众筹平台往往只重视项目成功，而缺乏项目的尽职调查和项目成功后的投后管理。要保证项目质量，首先要进行全方位的尽职调查，确保项目真实可信，特别是产品研发生产设计有保障，因此众筹平台应该积极加强众筹项目上线前的审核和评估工作，保证上线项目有质量保障，才能有效地保障众筹用户的利益。其次众筹平台需要积极加强投后管理，包括项目成功后项目进度监管、研发和生产进度的信息披露、众筹资金的使用信息披露、奖励产品按质按期发放情况，否则众筹用户很难感知到自身的投资资金流向和用途，缺乏资金安全感。整体而言，平台的风险管控对于用户而言，就是加强信息披露，保证信息公开透明，保证用户能清晰和明了平台的相关风控措施，而对于众筹平台而言，需要加强项目前期审核和调查，以及项目后期的进展情况信息披露工作。

（2）具备消费者创新性的用户可能是潜在的回流用户。现阶段中小型众筹平台在用户管理方面主要需要做好两方面内容：一是新用户的吸引，二是原有用户回流。本章的研究表明，具备消费者创新性的用户更有可能持续参与众筹项目。因此，对于众平台而言，可以根据这一特点制定用户管理策略。在原有用户回流方面，可以根据用户前期投资的项目进行归类，如果发现用户偏好设计、技术等潮流产品时，初步判定用户可能存在较高的消费者创新性特质，可以向这一类用户推送平台上其他新颖项目和产品，加速用户回流。另外，可以试图在潮流新品网站及平台推送和宣传众筹平台信息与众筹项目，吸引可能的潜在新用户加入众筹平台。

本章小结

本章主要研究奖励众筹支持者持续参与众筹意愿这一问题。本章以期望确认模型为基础，提出了奖励众筹持续参与意愿模型，进一步考察了众筹体验和支持者个体特质相关变量的影响。通过实证研究得到以下结论：平台的用户界面和用户的安全感知正向影响支持者的众筹满意度；期望确认模型适用于支持者的众筹持续参与意愿研究，感知有用性正向影响支持者的众筹满意度和持续参与意愿；消费者创新性特质可以有效提升支持者众筹持续参与意愿。本章研究结束了众筹平台关键主体支持者的行为研究所有内容，下一步的研究将关注众筹发起人视角下众筹项目融资绩效问题。

第6章　众筹发起者行为对项目融资绩效影响研究

本章的研究对象是众筹平台中除众筹项目支持者以外的第二个关键主体：众筹项目发起人。众筹项目发起人可以在众筹平台中有多种类型的活动，本章的研究重点是这些活动或者行为如何影响众筹项目融资绩效。

对于众筹发起者在众筹平台的行为，主要包括：设计众筹项目页面；参与支持其他众筹项目；发起多个众筹项目。这一问题已经在前面小节"1.1.2 研究问题与研究范围"和图1.3中阐述。

6.1　问题描述

本章将主要研究项目发起人的行为决策对项目成功率的影响。首先需要明确众筹项目发起者的行为包括哪些？这一问题已经在第1章研究问题和研究范围部分进行了界定和说明，在此，用表6.1进行总结。

表 6.1　项目发起人行为总结

发起人活动	对应的行为
活动 1：设计众筹项目页面	设计项目介绍文字、设计项目展示图片和视频、设定项目融资期限、设计项目融资额度、设计项目奖励回馈、更新项目信息、设计项目外链网站、社交网络平台链接
活动 2：参与支持其他众筹项目	支持其他众筹项目
活动 3：发起多个众筹项目	发起多个众筹项目

图 6.1 给出了 Kickstarter 众筹平台上的一个众筹项目截图，页面中的信息都是由项目发起人设计和制作的，它们都是触发和启动众筹支持者行为意愿的关键信息。这些由项目发起人设置的信息将直接呈现给众筹项目的浏览者，而浏览者则通过对网页呈现信息的处理和评估，形成对众筹项目的认知和评价，并最终形成投资决策。除此之外，项目发起人的投资和发起项目的行为，也能有效地提升发起人的众筹融资技巧，而这也能间接地促进下一个项目的融资绩效。整体而言，众筹项目发起人在众筹平台上的三个活动以及对应的行为（见表 6.1）都可

图 6.1　众筹项目截图

能对项目融资绩效产生影响。那么，在这种即时性众筹投资决策中，发起人的哪些关键行为能对项目融资绩效产生积极影响？为了解决上述问题，本章以Kickstarter平台为研究对象，利用Python编写的爬虫软件爬取项目信息数据，最后通过计量分析，探索对项目融资绩效有积极影响的关键信息。

6.2 研究假设

对众筹项目融资绩效的研究是当前众筹研究领域的重要问题之一，前人已经进行了较为丰富的研究，相关研究结论表明，众筹项目的融资额度、融资期限、发起人社会资本、项目信息更新状况、投资回报、项目潜在质量、曝光程度、发起人的信用记录、项目估值、信息更新频率等因素都会影响到项目融资绩效[5-21]。

针对前人相关的研究，本章在实证研究部分，会进一步验证发起者以下行为包括：融资额度、融资期限、图片、文字、视频等对项目融资绩效的影响。由于这些行为和变量在前人的众筹研究中已经较为常见（详细见文献[3]、文献[6]～文献[21]），且变量间影响机理和逻辑关系都较为清晰，本章的研究假设部分不再对上述相关变量进行假设论证。

本章将注重论证和研究前人忽略的一个重要行为和因素：项目发起人的众筹经历，这种经历包括曾经发起项目和曾经投资项目的经历。从众筹的实际思考这些因素，如果项目发起人是第一次接触众筹，第一次发起众筹项目，那么他需要花费一定的时间来熟悉众筹的基本模式，熟悉众筹项目的网页设定，往往他们并不清楚潜在支持者兴趣点所在，也难以全面详细地展示项目的"闪光点"，这可能导致他们的项目无法有效地吸引用户注意力，最终可能导致项目失败。而一个具有多次众筹发起经历的项目发起人，会对众筹模式和众筹项目设计有着较为深刻的认知及理解，他们能有效地识别自己项目的"闪光点"和创意，并能够通过合适的方式（视频、图片、文字等）将这些"闪光点"和创意完美地呈献给项目浏览者，他们的项目可能会更具有吸引力，从而其众筹成功的可能性更高。同样，如果项目发起人曾经投资过其他众筹项目，那么他可能会从别的众筹项目中学到成功或者失败的经验与教训，这些通过自我学习获得的经验和教训有助于其自身项目的改进和完善。综合上述分析，项目发起人曾经的众筹发起经历和投资经历可能会影响到其现阶段众筹项目的融资绩效。本章的研究将着重聚焦到这两个关键变量中，研究项目发起人的过往众筹经历对于现阶段众筹项目融资绩效的影响。

6.2.1 项目发起行为对项目融资绩效的影响

所谓干中学，是指人们在生产产品与提供服务的同时也在积累经验，从经验中获得知识，从而有助于提高生产效率和知识总量的增加[181-183]。从干中学角度而言，众筹项目的发起过程也是一个学习过程。发起众筹项目，需要发起人提前进行大量准备工作。如项目创意的整合和提炼，项目可行性和可操作性的分析及总结，自身能力的说明，项目进度的展示，项目计划的制定等。同时，在众筹项目最终面向众筹用户之前，项目发起人也需要制定一份较为有吸引力的项目说明，这其中可能包括：经过专业软件编辑和处理后的项目产品图片，拍摄或者制作有吸引力的展示视频，完成项目的文字说明。其中大量的静态图片、动态图片以及视频都需要项目发起人提前完成。当项目发起人第一次进行这些活动时，可能会面临各种困难，但随着项目发起人多次发起项目后，可能会在前几次的重复工作中形成大量的经验和隐性知识与技能。这对于下一次众筹项目的发起会有较大帮助。总结而言，当项目发起人有过多次项目发起经历时，可以通过"干中学"积累更多的显性和隐性知识和技能。

第 6 章　众筹发起者行为对项目融资绩效影响研究

本章的研究对象是众筹平台中除众筹项目支持者以外的第二个关键主体：众筹项目发起人。众筹项目发起人可以在众筹平台中有多种类型的活动，本章的研究重点是这些活动或者行为如何影响众筹项目融资绩效。

对于众筹发起者在众筹平台的行为，主要包括：设计众筹项目页面；参与支持其他众筹项目；发起多个众筹项目。这一问题已经在前面小节"1.1.2 研究问题与研究范围"和图 1.3 中阐述。

6.1　问题描述

本章将主要研究项目发起人的行为决策对项目成功率的影响。首先需要明确众筹项目发起者的行为包括哪些？这一问题已经在第 1 章研究问题和研究范围部分进行了界定和说明，在此，用表 6.1 进行总结。

表 6.1 项目发起人行为总结

发起人活动	对应的行为
活动1：设计众筹项目页面	设计项目介绍文字、设计项目展示图片和视频、设定项目融资期限、设计项目融资额度、设计项目奖励回馈、更新项目信息、设计项目外链网站、社交网络平台链接
活动2：参与支持其他众筹项目	支持其他众筹项目
活动3：发起多个众筹项目	发起多个众筹项目

图 6.1 给出了 Kickstarter 众筹平台上的一个众筹项目截图，页面中的信息都是由项目发起人设计和制作的，它们都是触发和启动众筹支持者行为意愿的关键信息。这些由项目发起人设置的信息将直接呈现给众筹项目的浏览者，而浏览者则通过对网页呈现信息的处理和评估，形成对众筹项目的认知和评价，并最终形成投资决策。除此之外，项目发起人的投资和发起项目的行为，也能有效地提升发起人的众筹融资技巧，而这也能间接地促进下一个项目的融资绩效。整体而言，众筹项目发起人在众筹平台上的三个活动以及对应的行为（见表 6.1）都可

图 6.1 众筹项目截图

能对项目融资绩效产生影响。那么,在这种即时性众筹投资决策中,发起人的哪些关键行为能对项目融资绩效产生积极影响?为了解决上述问题,本章以Kickstarter平台为研究对象,利用Python编写的爬虫软件爬取项目信息数据,最后通过计量分析,探索对项目融资绩效有积极影响的关键信息。

6.2 研究假设

对众筹项目融资绩效的研究是当前众筹研究领域的重要问题之一,前人已经进行了较为丰富的研究,相关研究结论表明,众筹项目的融资额度、融资期限、发起人社会资本、项目信息更新状况、投资回报、项目潜在质量、曝光程度、发起人的信用记录、项目估值、信息更新频率等因素都会影响到项目融资绩效[5-21]。

针对前人相关的研究,本章在实证研究部分,会进一步验证发起者以下行为包括:融资额度、融资期限、图片、文字、视频等对项目融资绩效的影响。由于这些行为和变量在前人的众筹研究中已经较为常见(详细见文献[3]、文献[6]~文献[21]),且变量间影响机理和逻辑关系都较为清晰,本章的研究假设部分不再对上述相关变量进行假设论证。

本章将注重论证和研究前人忽略的一个重要行为和因素:项目发起人的众筹经历,这种经历包括曾经发起项目和曾经投资项目的经历。从众筹的实际思考这些因素,如果项目发起人是第一次接触众筹,第一次发起众筹项目,那么他需要花费一定的时间来熟悉众筹的基本模式,熟悉众筹项目的网页设定,往往他们并不清楚潜在支持者兴趣点所在,也难以全面详细地展示项目的"闪光点",这可能导致他们的项目无法有效地吸引用户注意力,最终可能导致项目失败。而一个具有多次众筹发起经历的项目发起人,会对众筹模式和众筹项目设计有着较为深刻的认知及理解,他们能有效地识别自己项目的"闪光点"和创意,并能够通过合适的方式(视频、图片、文字等)将这些"闪光点"和创意完美地呈献给项目浏览者,他们的项目可能会更具有吸引力,从而其众筹成功的可能性更高。同样,如果项目发起人曾经投资过其他众筹项目,那么他可能会从别的众筹项目中学到成功或者失败的经验与教训,这些通过自我学习获得的经验和教训有助于其自身项目的改进和完善。综合上述分析,项目发起人曾经的众筹发起经历和投资经历可能会影响到其现阶段众筹项目的融资绩效。本章的研究将着重聚焦到这两个关键变量中,研究项目发起人的过往众筹经历对于现阶段众筹项目融资绩效的影响。

6.2.1 项目发起行为对项目融资绩效的影响

所谓干中学,是指人们在生产产品与提供服务的同时也在积累经验,从经验中获得知识,从而有助于提高生产效率和知识总量的增加[181-183]。从干中学角度而言,众筹项目的发起过程也是一个学习过程。发起众筹项目,需要发起人提前进行大量准备工作。如项目创意的整合和提炼,项目可行性和可操作性的分析及总结,自身能力的说明,项目进度的展示,项目计划的制定等。同时,在众筹项目最终面向众筹用户之前,项目发起人也需要制定一份较为有吸引力的项目说明,这其中可能包括:经过专业软件编辑和处理后的项目产品图片,拍摄或者制作有吸引力的展示视频,完成项目的文字说明。其中大量的静态图片、动态图片以及视频都需要项目发起人提前完成。当项目发起人第一次进行这些活动时,可能会面临各种困难,但随着项目发起人多次发起项目后,可能会在前几次的重复工作中形成大量的经验和隐性知识与技能。这对于下一次众筹项目的发起会有较大帮助。总结而言,当项目发起人有过多次项目发起经历时,可以通过"干中学"积累更多的显性和隐性知识和技能。

从另一个角度而言，项目发起人的多次众筹经历也在一定程度上增加了其自身的曝光度，其多次众筹经历可能会增加其在"圈内"的"存在感"和"知名度"。从曝光效应而言，人们往往会偏好自己熟悉的事物[184]，由于发起人的曝光度增加，也一定程度上会被更多人熟悉，当其有新的众筹项目上线时，潜在的众筹用户可能会基于之前的认知和印象而投资其项目。

综上所述，项目发起人的过往发起行为可能使发起人更加了解众筹模式、众筹过程、积累更多的众筹经验、教训和知识，同时提升其曝光度和知名度。而这些都能帮助项目发起人提升和完善下一次众筹项目，增加项目融资绩效。基于上述分析，本章提出以下研究假设：

假设1：项目发起人的众筹发起行为对其现阶段项目的融资绩效有正向影响。

6.2.2 项目发起行为对项目投资行为的影响

发起众筹项目需要发起人经过慎重的思考后做出决策。一般在进行决策之前，为了保证项目的成功，项目发起人可能会首先浏览众筹平台上同类型的众筹项目。虽然这种项目浏览行为并不是出于投资或者支持意愿，但这种主动的浏览经历确实是投资和支持众筹项目的必要过程和经历。这就客观上增加了众筹项目激起浏览人兴趣点的概率。所以，在项目发起前，项目发起人必要的项目浏览经历，有助于项目发起人发现自己感兴趣的众筹项目。这一过程客观上能增加发起人投资和支持众筹项目的概率。从根本上而言，为了实现项目成功，项目发起人会主动地将更多的精力和注意力投入众筹平台，这对于其投资和支持众筹项目意愿的形成有积极帮助。

另外，当项目发起人有较多的项目发起经历时，会积累更多的众筹经验和教训[181]。这些经验和教训能帮助项目发起人更好地识别那些容易成功的众筹项目。从回报的角度而言，项目发起人发起的项目都要接受其他支持者的帮助和投资，有可能在这一过程中项目发起人会产生积极回报投资人的想法,其中的重要手段是支持和投资曾经的投资者发起的众筹项目。

综合分析,本章认为项目发起人有浏览众筹项目的主观意愿,愿意花费时间、精力和注意力在众筹平台;项目发起人也可能具有识别优秀众筹项目的经验和教训,同时他们也可能存在有回报投资的意愿和想法。上述这三点因素都有助于项目发起人做出投资众筹项目的决策。基于此,本章提出以下研究假设:

假设2:项目发起人的项目发起经历对其众筹项目投资行为有正向影响。

6.2.3 项目投资行为对项目融资绩效的影响

在众筹平台中,项目发起人和投资人之间可以进行角色转变,项目发起人也可以选择投资和支持其喜欢或感兴趣的众筹项目。项目发起人的投资和支持经历有助于其更加深刻地了解众筹模式和项目融资的过程。在投资众筹项目过程中,项目发起人会了解不同类型的众筹项目特点,同时也能体会到从投资人角度捕捉众筹项目的"闪光点",以准确把握投资人的眼光和兴趣点。这种角色转变的过程能让项目发起人体会投资人的观察角度,有助于项目发起人调整项目信息设置的重点。

另外,投资多个众筹项目,有助于项目发起人更好地融入众筹平台中,这个过程本身就是一个社会资本积累的过程。当项目发起人发起一个新的众筹项目时,其在众筹平台积累的社会资本会形成网络扩散效应[185,186],有助于新发起的众筹项目达到预期融资目标。同时,当项目发起人积极地投资其他众筹项目时,也是声誉和信誉不断积累的过程。项目发起人投资其他项目,能够体现自身亲社会以及利他方面的品质,而这种不断积累的声誉和信誉有助于其新发起众筹项目的融资。为此,本章提出以下研究假设:

假设3：项目发起人的众筹投资行为对其现项目融资绩效有正向影响。

6.3 研究设计

6.3.1 数据来源

本章所需要的数据是利用Python程序自动爬取和解析网页来获取。爬取数据来源于国外奖励众筹网站Kickstarter。Kickstarter是成立最早的，其最具影响力和最具代表性的众筹网站。Kickstarter网站现有的项目分类包括：艺术（Art）、漫画（Comics）、工艺品（Crafts）、舞蹈（Dance）、设计（Design）、时尚（Fashion）、电影和视频（Film & Video）、食物（Food）、游戏（Game）、新闻（Journalism）、音乐（Music）、摄影（Photography）、出版（Publishing）、技术（Technology）、戏剧（Theater）。本章将以Kickstarter平台的各种类型众筹项目为基础，采用Python编程爬取Kickstarter网站众筹项目页面呈现的客观内容，爬取的主要数据包括项目融资额度、项目融资时长、项目发起人曾经发起和投资项目数量等。

6.3.2 变量说明

为了验证上述研究假设，本章采用数据爬取的方式获得数据，爬取的相关变量如表6.2所示。收集的数据进行初步的统计性描述分析后，结果如表6.3所示。

表6.2 变量测量和释义

变量	变量含义	测量
Lngoal	项目融资目标	为计量方便，将实际项目融资目标取自然对数
Duration	项目融资期限	项目设定的融资期限，以"天"为单位
Updates	发起人更新项目进度和信息的频次	信息更新频次数量
Comments	浏览者对项目的评论、提问等次数	浏览者评论、提问次数
Collaborators	项目合作者人数	项目发起人的合作者数量
Word	项目介绍页面的单词数量	项目介绍页面单词数量
Image	项目介绍页面图片数量	项目介绍页面图片数量
Website	关于项目的其他网站数量	关于项目的其他网站数量
Video	项目介绍页面中视频数量	项目介绍页面中视频数量
Backers	项目支持者人数	项目支持者人数
Backed_projects	发起该项目之前，发起人支持的项目数量	之前支持的项目数量（投资行为）
Created_projects	发起项目之前，发起人发起的项目数量	之前发起的项目数量（发起行为）
Lnfriends	Facebook好友数量	Facebook好友数量取自然对数
Financingingperformance	融资绩效	项目实际融资额度/融资目标
Projectstatus	项目成功与否	项目成功=1，项目失败=0

表6.3 数据描述性统计

Variable	Obs	Mean	Std. Dev.	Min	Max
Pledged	35371	27262.09	218084.7	1	2.03E+07
Goal	35371	12581.42	71891.09	1	1.00E+07
Fundingperformance	35371	5.524157	170.6201	2.00E−07	15066
Fundingperiod	35371	31.85086	10.64183	1	91
Updates	35371	12.36468	14.11165	0	414
Comments	35371	93.53985	1610.851	0	170615

续表

Variable	Obs	Mean	Std. Dev.	Min	Max
Collaborators	35371	0.110345	0.524663	0	12
Word	35371	740.6848	619.9111	0	5333
Image	35371	9.530746	12.79349	0	153
Website	35371	2.153544	1.639672	0	25
Video	35371	0.894801	0.711105	0	19
Backers	35371	305.2823	1960.366	1	219382
Created_ projects	35371	2.386729	3.575475	1	65
Backed_ projects	35371	16.15236	46.0416	0	1979
Fb_ connect	35371	2	0	2	2

6.3.3 实证模型

根据上述研究,本章提出了以下实证模型:

$Fundingperformance = a_1 x_{Created\_projects} + a_2 x_{Goal} + a_3 x_{Duration} + a_4 x_{Updates} + a_5 x_{Comments} + a_6 x_{Collaborators} + a_7 x_{Word} + a_8 x_{Image} + a_9 x_{Video} + a_{10} x_{Website} + a_{11} x_{Backers} + a_{12} x_{Friends} + a_{13} + \varepsilon_1$

(模型1)

$Created\_projects = a_{14} x_{Backed\_projects} + a_{15} + \varepsilon_2$ (模型2)

$Fundingperformance = a_{16} x_{Created\_projects} + a_{17} x_{Backed\_projects} + a_{18} + \varepsilon_3$ (模型3)

$Fundingperformance = a_{19} x_{Backed\_projects} + a_{20} x_{Goal} + a_{21} x_{Duration} + a_{22} x_{Updates} + a_{23} x_{Comments} + a_{24} x_{Collaborators} + a_{25} x_{Word} + a_{26} x_{Image} + a_{27} x_{Video} + a_{28} x_{Website} + a_{29} x_{Backers} + a_{30} x_{Friends} + a_{31} + \varepsilon_4$

(模型4)

上述模型中,Fundingpeformance 代表项目融资绩效,Created_ projects 代表项目发起人曾经发起的项目数量。a_{13}、a_{15}、a_{18} 和 a_{31} 分别代表常数项,ε_1、ε_2、ε_3 和 ε_4 分别代表随机误差,其余 $a_1 \sim a_{12}$,a_{14},$a_{16} \sim a_{17}$,$a_{19} \sim a_{30}$ 都表示变量

系数。而 $x_{Created\_projects}$、x_{Goal}、$x_{Duration}$…、$x_{Friends}$ 是解释变量，分别表示发起项目数量、项目融资目标、项目融资期限、项目信息更新次数、项目评论数、合作者数量、项目介绍页面的单词数量、项目介绍页面图片数量、项目介绍页面中视频数量、关于项目的其他网站数量、支持者数量、发起人在 Facebook 网站中好友数量。

6.4 实证研究

假设 1 主要考察项目发起人曾经的众筹发起经历（Created_ projects）对于现众筹项目融资绩效（Financingingperformance）的影响。为了验证该假设，本书还考察了融资目标（Goal）、融资期限（Duration）、信息更新频次（Updates）、项目评论次数（Comments）、发起人合作者数量（Collaborators）、项目单词数量（Word）、项目图片数量（Image）、项目营销网站（Website）、视频数量（Video）和支持者人数（Backers）、Facebook 好友数量（Friends）。由于项目融资目标和 Facebook 好友数量数值较大，为了较好地观测这两个变量对于项目融资绩效的影响，本章仿效 Mollick（2014）的方法[3]，对这两个变量做取自然对数处理。实证结果如表 6.4 所示。

表 6.4　假设 1 验证实证结果

模型 变量	Model 1	Model 2	Model 3	Model 4	Model 5
Lngoal	-15.5745***	-15.5655***	-15.5608***	-15.4666***	-14.6288***
	(-23.80)	(-23.79)	(-23.78)	(-23.74)	(-22.17)
Duration	0.2770***	0.2754**	0.2756**	0.2715**	0.3174***
	(3.30)	(3.28)	(3.29)	(3.24)	(3.78)

续表

模型 变量	Model 1	Model 2	Model 3	Model 4	Model 5
Updates	0.4203***	0.4273***	0.4222***	0.4409***	
	(5.81)	(5.93)	(5.89)	(6.23)	
Comments	-0.0005	-0.0005			0.0024***
	(-0.73)	(-0.75)			(4.30)
Collaborators	3.3978*	3.4020*	3.3889*	3.7756**	3.7109**
	(1.94)	(1.95)	(1.94)	(2.18)	(2.13)
Word	0.0047**	0.0049**	0.0050**	0.0061***	0.0079***
	(2.64)	(2.75)	(2.78)	(3.68)	(4.53)
Image	0.1402	0.1409	0.1378		0.2254***
	(1.60)	(1.61)	(1.57)		(2.58)
Video	3.2932**	3.3806**	3.4166**	3.8162***	4.2631***
	(2.46)	(2.53)	(2.56)	(2.91)	(3.19)
Website	0.5353				
	(0.97)				
Backers	0.0041***	0.0041***	0.0039***	0.0040***	
	(7.71)	(7.72)	(8.44)	(8.54)	
Lnfriends	3.6281***	3.6967***	3.7062***	3.5897***	3.7732***
	(4.59)	(4.70)	(4.71)	(4.59)	(4.79)
Created_projects					0.4301*
					(1.68)
Constant	88.0385***	88.4217***	88.3523***	88.3095***	80.0982***
	(12.84)	(12.92)	(12.91)	(12.91)	(11.45)
N	36209	36209	36209	36209	36209
Adj-R^2	0.0173	0.0172	0.0172	0.0171	0.0146
F	57.7654***	63.4485***	70.4359***	78.9273***	59.7183***

注：括号中为T值，*表示$p<0.1$，**表示$p<0.05$，***表示$p<0.01$，下同。

在模型1中，首先考察融资目标、融资期限等次要变量对项目融资绩效的影响，实证结果显示，项目融资目标对于项目融资绩效有显著的负向影响。这意味着项目发起人要成功融资，应该在允许的范围内设定一个较小的融资额度。除此之外，项目融资期限、项目信息更新频率、项目合作者数量、项目介绍的单词数量、项目视频数量、项目支持者数量、发起人 Facebook 好友数量对项目融资绩效有显著的正向影响。但项目评论数量、项目介绍图片和项目推介网站数量对项目融资绩效没有显著影响。模型2、模型3和模型4是对部分不显著变量删除后重新进行回归，模型5添加了项目发起人发起项目数量这一变量，通过分层次回归，逐步删除了部分不显著变量之后，研究发现，项目发起人过往的项目发起经历对于众筹项目成功有显著的正向影响，假设1得到了验证。

假设2主要考察项目发起人的项目发起经历对于其投资经历的影响。实证研究结果如表6.5所示。实证研究结果表明，项目发起人的项目发起经历对于其项目投资和支持行为有显著的正向影响。这说明项目发起人的投资经历受到其发起经历的影响，这种影响可能来自其内心的回报支持者的心理动机，以及其在项目发起过程中所具备的成功项目识别能力等。这些因素可能是促进其支持项目的内在因素。

表6.5 假设2验证结果

模型	Model 1	Model 2	Model 3
因变量	Backed_projects	Financingingperformance	Financingingperformance
Created_projects	3.32*** (50.83)	1.38*** (5.53)	1.12*** (4.34)
Backed_projects			0.08*** (3.88)
Constant	7.95*** (28.61)	2.13** (2.00)	1.51 (1.40)
F	2583.64***	30.59***	22.84***
Adj R-squared	0.0666	0.0008	0.0012
N	36209	36209	36209

假设3主要考察众筹发起人曾经的投资和支持经历对于其现阶段众筹项目融

资绩效的影响。数据实证研究结果如表6.6所示。模型1显示项目数量、项目相关网站数量以及项目中图片数量都没有对项目融资绩效产生显著的影响,而核心变量发起人投资众筹经历(Backed_project)对项目融资绩效也没有产生显著的正向影响。实证结果表明,假设3没有得到验证。模型2进一步采用逐步回归进行实证分析,显示对项目融资绩效有显著影响的变量分别是:项目融资目标、融资期限、信息更新频次、项目合作者数量、项目单词数量、项目视频数量、项目支持者数量以及项目发起人Facebook好友数量。

表6.6 假设3验证结果

模型 变量	模型1	模型2
Lngoal	-15.47*** (-23.52)	-15.47*** (-23.74)
Duration	0.28*** (3.37)	0.27*** (3.24)
Updates	0.40*** (5.45)	0.44*** (6.23)
Comments	-0.00 (-0.70)	
Collaborators	3.32* (1.90)	3.78** (2.18)
Word	0.00** (2.57)	0.01*** (3.68)
Image	0.13 (1.53)	
Website	0.52 (0.93)	
Video	3.32** (2.48)	3.82** (2.91)
Backers	0.0041*** (7.61)	0.0045*** (8.54)

续表

模型 变量	模型1	模型2
Lnfriends	3.56*** (4.49)	3.59*** (4.59)
Backed_Projects	0.03 (1.49)	
Constant	87.41*** (12.73)	88.31*** (12.91)
N	36209	36209
Adj–R^2	0.02	0.02
F	53.14***	78.93***

通过总体数据研究显示,项目发起人的投资经历没有对现发起众筹项目融资绩效产生积极影响。本章进一步研究发起人的投资经历对于不同类型的融资项目融资绩效的影响。在kickstarter网站上包括艺术(Art)、漫画(Comics)、工艺品(Crafts)、舞蹈(Dance)、设计(Design)、时尚(Fashion)、电影和视频(Film & Video)、食物(Food)、游戏(Game)、新闻(Journalism)、音乐(Music)、摄影(Photography)、出版(Publishing)、技术(Technology)、戏剧(Theater)15种不同类型的发起项目。我们按照现阶段众筹项目的类型,分别研究项目发起人的投资经历对现阶段众筹项目融资绩效的影响。

最后,实证研究结论如表6.7所示。从实证研究结果看,项目发起人的投资经历对现阶段众筹项目融资绩效有显著正向影响的项目类型主要有Game、Journalism、Photography和Technology,而Food和Music则存在显著的负向影响。而在其他九种类型的众筹项目中,这种显著影响则不显著或者不存在。实证研究说明,假设3得到了部分验证,因为并不是所有类型的众筹项目都存在发起人投资经历对现阶段众筹项目的积极促进作用。

表6.7 项目发起人投资众筹经历对不同类型众筹项目融资绩效的影响

变量/项目类型	Art	Art	Comics	Comics	Comics	Crafts	Crafts	Dance	Dance	Design	Design
Lngoal	-3.3698***	-3.4053***	-22.8045***	-22.5932***	-21.6872***	-20.5345***	-11.1952***	-11.0736***	-13.3729***	-13.1936***
	(-12.59)	(-13.11)	(-15.14)	(-15.30)	(-7.58)	(-7.48)	(-9.11)	(-9.22)	(-11.29)	(-11.53)
Duration	-0.0392		0.7004***	0.7067***	0.6858		0.3916***	0.3970***	0.6621***	0.6529***
	(-1.30)		(4.25)	(4.30)	(1.62)		(3.04)	(3.10)	(4.16)	(4.11)
Updates	0.0354		0.2177*	0.2186*	-0.3438		0.0714		0.2730**	0.2620**
	(1.09)		(1.84)	(1.92)	(-0.79)		(0.43)		(2.17)	(2.17)
Comments	0.0222**	0.0261**	0.0049		-0.2198**	-0.2307**	-0.0151		-0.0042	
	(2.08)	(2.56)	(0.28)		(-2.03)	(-2.17)	(-0.37)		(-1.15)	
Collaborators	-0.1218		1.7946		-0.8785		1.1360		3.0733	
	(-0.13)		(0.44)		(-0.06)		(0.24)		(1.28)	
Word	0.0010	0.0014**	0.0047		-0.0007		0.0003		0.0024	
	(1.28)	(2.21)	(1.33)		(-0.06)		(0.07)		(0.80)	
Image	0.0198		0.5195***	0.5886***	0.0349		0.4796**	0.5413***	0.3730***	0.4069***
	(0.48)		(2.96)	(3.81)	(0.07)		(2.02)	(2.72)	(3.01)	(3.75)
Website	0.2023		0.8257		6.8534**	5.7394**	1.1756		1.6125*	1.7052
	(1.02)		(0.84)		(2.29)	(2.05)	(1.11)		(1.72)	(1.83)
Video	1.3258**	1.3858**	-5.0089		-3.8386		-5.3490**	-4.8447*	-1.2915	
	(2.04)	(2.14)	(-1.26)		(-0.42)		(-2.11)	(-1.95)	(-0.75)	

续表

变量\项目类型	Art	Art	Comics	Comics	Crafts	Crafts	Dance	Dance	Design	Design
Backers	0.0063***	0.0062***	0.0294***	0.0309***	0.1346***	0.1255***	0.0155	0.0147*	0.0035***	0.0026***
	(4.61)	(4.53)	(5.08)	(5.77)	(4.58)	(4.53)	(1.33)	(1.69)	(3.72)	(6.65)
Backed_projects	-0.0011		-0.0478		-0.0476		-0.0084		0.0060	
	(-0.17)		(-1.32)		(-0.37)		(-0.16)		(0.19)	
Lnfriends	0.5827*	0.6088**	5.5144***	5.0247***	1.4740		2.6918	2.9082*	0.0779	
	(1.87)	(1.97)	(3.61)	(3.35)	(0.44)		(1.60)	(1.78)	(0.06)	
Constant	22.5757***	22.1037***	108.9454***	108.6241***	127.8308***	147.1492***	58.5431***	57.9146***	83.8285***	83.7724***
	(9.38)	(9.67)	(7.74)	(7.77)	(4.46)	(6.88)	(3.89)	(3.88)	(5.88)	(8.50)
N	2564	2564	3081	3081	2537	2537	1873	1873	2029	2129
Adj-R²	0.0773	0.0757	0.0748	0.0731	0.0239	0.0227	0.0315	0.0310	0.0549	0.0536
F	17.8090***	34.8901***	20.6809***	40.3877***	6.2712***	17.8217***	8.3152***	16.3720***	14.8538***	29.0057***

变量\项目类型	Fashion	Fashion	Food	Food	Game	Game	Journalism	Journalism	Music	Music
Lngoal	-19.1409***	-18.5830***	-21.7536***	-22.7427***	-57.3587***	-54.7859***	-22.5396***	-21.4076***	-65.7843***	-64.2380***
	(-11.34)	(-11.50)	(-12.86)	(-14.30)	(-14.10)	(-13.97)	(-8.78)	(-8.72)	(-14.18)	(-14.08)
Fundingperiod	0.5407**	0.5727**	0.6162***	0.5784**	0.4525		0.4642		1.0217**	1.0756**
	(2.30)	(2.45)	(2.71)	(2.56)	(0.74)		(1.43)		(2.06)	(2.19)
Updates	0.2221		-0.2585		1.0240***	1.0656***	1.6078***	1.4530***	0.6738	
	(1.15)		(-1.47)		(3.78)	(4.15)	(5.66)	(6.03)	(1.44)	

续表

变量\项目类型	Fashion	Fashion	Food	Food	Game	Game	Journalism	Journalism	Music	Music
Comments	0.0003 (0.01)		0.0754* (1.73)		0.0001 (0.09)		−0.0034 (−1.32)		−0.0501 (−0.58)	
Collaborators	0.5606 (0.13)		−0.6218 (−0.13)		10.0219 (1.55)		−0.0084 (−0.00)		11.4035 (0.95)	
Word	−0.0001 (−0.02)		−0.0054 (−0.99)		0.0070 (0.97)		0.0113 (1.47)		0.0242** (2.03)	0.0274** (2.56)
Image	0.6595*** (3.38)	0.7277*** (4.32)	−0.3480 (−1.10)	−0.5738** (−2.15)	0.5834 (1.60)	0.7716** (2.30)	−0.6464 (−1.50)		−0.2440 (−0.30)	
Website	1.8064 (1.39)		−0.3983 (−0.27)		4.7532 (1.38)		1.4107 (0.55)		2.7150 (0.96)	
Video	2.4528 (0.70)		−1.3496 (−0.31)		7.7104 (0.95)		−12.8859* (−1.68)	−14.0017** (−2.02)	6.7555 (0.59)	
Backers	0.0098* (1.69)	0.0108*** (2.73)	0.1241*** (12.75)	0.1333*** (19.25)	0.0049*** (3.67)	0.0051*** (4.46)	0.0050*** (3.20)	0.0033*** (3.54)	0.0614*** (3.68)	0.0602*** (4.41)
Backed_projects	−0.0115 (−0.35)		−0.0711* (−1.65)	−0.0777* (−1.84)	0.1579** (2.03)	0.1682** (2.18)	0.1910** (2.31)	0.1979** (2.45)	−0.2966** (−2.11)	−0.2736** (−1.98)
Lnfriends	4.2487** (2.09)	4.7829** (2.41)	0.5446 (0.26)		8.5473* (1.98)	8.2527* (1.93)	−2.4181 (−0.74)		13.4533** (2.35)	14.0209** (2.51)
Constant	99.1225*** (5.44)	97.4679*** (5.45)	157.2806*** (8.23)	163.3677*** (11.57)	364.9640*** (8.18)	383.6539*** (9.03)	179.8497*** (5.75)	176.5154*** (8.38)	394.0633*** (7.52)	394.5488*** (7.71)

续表

变量\项目类型	Fashion	Fashion	Food	Food	Game	Game	Journalism	Journalism	Music	Music
N	2580	2580	2656	2656	2395	2395	1914	1914	2536	2536
Adj-R²	0.0436	0.0422	0.1343	0.1325	0.0686	0.0665	0.0443	0.0415	0.0620	0.0607
F	11.6426***	27.1132***	39.6490***	93.9263***	18.8385***	36.4769***	11.8436***	26.6026***	16.9023***	33.0969***

变量\项目类型	Photography	Photography	Publishing	Publishing	Technology	Technology	Theater	Theater	Film & Video	Film & Video
Lngoal	-0.5718*** (-19.17)	-0.5495*** (-19.22)	-27.0595*** (-11.75)	-26.7252*** (-11.90)	-21.9761*** (-10.71)	-21.5278*** (-10.67)	-3.3406*** (-8.57)	-3.1268*** (-8.63)	-57.8141*** (-9.36)	-54.1751*** (-9.10)
Fundingperiod	0.0048 (1.44)		0.6085** (2.14)	0.5969** (2.11)	0.5221* (1.93)	0.5148* (1.91)	0.0453 (1.28)		1.3937** (2.38)	1.5414*** (2.68)
Updates	0.0183*** (3.20)	0.0186*** (3.29)	0.3005 (1.60)	0.2951* (1.68)	0.7186*** (3.29)	0.7118*** (3.41)	0.0704 (1.27)	0.0874* (1.82)	1.0000* (1.78)	
Comments	-0.0051 (-1.48)		-0.0207 (-0.37)		0.0022 (0.43)		-0.0283 (-1.10)		-0.0240 (-0.30)	
Collaborators	-0.0940 (-0.51)		13.8289** (2.32)	14.1423** (2.37)	6.2609* (1.87)	6.7168** (2.03)	0.2420 (0.25)		7.7128 (0.58)	
Word	0.0002* (1.75)	0.0003*** (2.82)	-0.0014 (-0.30)	-0.0008 (-0.21)	-0.0008 (-0.21)		0.0008 (0.74)		0.0235* (1.90)	0.0265** (2.47)
Image	0.0100 (1.50)		0.7827** (2.39)	0.8010*** (2.72)	0.6138*** (2.91)	0.6211*** (3.21)	0.0747 (0.86)		0.1205 (0.15)	

·134·

续表

变量\项目类型	Photography	Photography	Publishing	Publishing	Technology	Technology	Theater	Theater	Film & Video	Film & Video
Website	0.0283		0.9250		0.2803		0.0127		-4.5206	
	(1.13)		(0.55)		(0.18)		(0.04)		(-1.09)	
Video	0.2864***	0.3172***	8.3365		2.3221		-0.2308		2.2618	
	(3.68)	(4.16)	(1.49)		(0.87)		(-0.26)		(0.17)	
Backers	0.0038***	0.0034***	0.0182**	0.0168***	0.0033*	0.0037**	0.0062***	0.0051***	0.0325**	0.0340***
	(8.15)	(9.88)	(2.58)	(2.70)	(1.73)	(2.19)	(3.41)	(4.00)	(2.43)	(3.13)
Backed_projects	0.0062***	0.0061***	0.0082		0.1108*	0.1191*	0.0127		-0.2281	
	(2.64)	(2.62)	(0.18)		(1.76)	(1.91)	(0.64)		(-1.03)	
Lnfriends	0.0262		9.5460***	9.8462***	3.0639		0.6267	0.7508*	12.2268	
	(0.75)		(3.38)	(3.51)	(1.50)		(1.41)	(1.72)	(1.64)	
Constant	4.6192***	4.8156***	122.8832***	127.4830***	139.3768***	158.3274***	21.1642***	20.4528***	375.9734***	425.7187***
	(15.47)	(21.37)	(5.17)	(5.44)	(6.37)	(8.81)	(5.45)	(5.45)	(5.26)	(7.97)
N	2650	2650	2758	2758	1855	1855	2758	2758	2341	2341
Adj-R^2	0.1732	0.1705	0.0515	0.0505	0.0449	0.0438	0.0301	0.0281	0.0382	0.0353
F	46.0274***	90.5231***	12.4135***	20.8975***	10.7489***	17.9969***	7.0923***	19.9227***	7.7032***	21.3662***

6.5 结论与启示

6.5.1 研究结论

本章主要从项目发起人视角下研究众筹项目融资绩效。通过实证研究，得到以下研究结论：

（1）项目融资期限、项目信息更新频率、项目合作者数量、项目介绍的单词数量、项目视频数量、项目支持者数量、发起人 Facebook 好友数量对项目融资绩效有显著的正向影响。项目融资目标则对项目融资绩效产生了显著的负向影响。除此之外，项目评论数量、项目介绍图片和项目推介网站数量对项目融资绩效没有显著影响。

（2）项目发起人的项目发起经历对于其现阶段众筹项目融资绩效有显著的正向影响。发起人的众筹项目发起经历实际上是一种学习的过程，这种学习主要包括两个方面：一是对众筹模式和运营的学习。发起多个众筹项目，对于发起人深入理解众筹的运营之道有积极的帮助。二是内容来自众筹项目发起过程，无论过往项目发起经历是成功的还是失败的，项目发起人都可能从中学习到项目发起的经验和教训。这两方面的学习过程能帮助发起人积极地完善现阶段发起的众筹项目，而这些完善举措有利于提升项目融资绩效。

（3）项目发起人的众筹发起经历对其投资众筹项目的次数有积极影响。项目发起人的项目发起经历能够帮助发起人积累较多的项目运营经验和教训，这有助于项目发起人准确识别易于成功的项目；同时，当发起人有较多的项目发起经历时，也意味着他可能会投入更多的时间和精力关注众筹平台及众筹项目，这大大增加了其发现自己感兴趣众筹项目的概率。这两个方面都有助于其投资意愿的形成。

(4) 项目发起人的投资经历对现阶段发起众筹项目融资绩效的影响不能一概而论,不同类型的众筹项目有不同影响。其中,有显著正向影响的项目类型主要有游戏(Game)、新闻(Journalism)、摄影(Photography)和技术(Technology),而食物(Food)和音乐(Music)则存在显著的负向影响。其他艺术(Art)、漫画(Comics)、工艺品(Crafts)、舞蹈(Dance)、设计(Design)、时尚(Fashion)、电影和视频(Film & Video)、出版(Publishing)、戏剧(Theater)九种类型的众筹项目则不存在这种影响。

6.5.2 管理启示

本章的研究主要针对项目发起人和众筹项目融资绩效,研究结论对发起人提升项目融资绩效有以下积极借鉴:

(1) 在项目介绍页面设计阶段,项目发起人应该注重项目融资金额、融资期限的设定。在项目文案设计方面,应适量增加单词数量,详细地向潜在支持者介绍项目内容、项目特点、项目准备情况、项目进度和项目计划等方面信息,较多地运用视频媒体介绍项目信息。除此之外,项目发起人应积极地将个人社交网络接入众筹平台,并向好友推荐该众筹项目,这都有利于众筹项目走向成功。

(2) 项目发起人可以在发起项目之前,先尝试进行小规模的众筹筹资测试。以此初步了解众筹,增加众筹经验。在前期众筹阶段,项目发起人可以积累较多的众筹运营知识和技巧,比如相关的图片设计、视频制作、文案设计、项目页面设计等。这种小规模的初步试验,都可以算作是项目发起经历,而这种经历恰好能有效地提升现阶段或未来发起众筹项目的融资绩效。这种效应的重要前提是发起人要建立一种主观的学习机制和意识。

(3) 当项目发起人要发起的项目是游戏(Game)、新闻(Journalism)、摄影

（Photography）和技术（Technology）类时，可以尝试主动地支持其他众筹项目。通过这种主动支持其他众筹项目的行为，可以帮助项目发起人评鉴其他众筹项目，从他人的项目中获得经验和教训，这有助于项目发起人提升众筹技巧。同时，也能更好地融入众筹圈，积累人气，为自己即将发起的众筹项目积累更多的人脉关系。

本章小结

本章的研究问题是众筹项目发起人如何有效地提升项目融资绩效。为了解决该问题，本章通过数据爬取的方法获取国外众筹网站 Kickstarter 平台的项目数据，通过计量分析研究影响众筹项目融资绩效的相关因素。实证研究结论表明，项目融资期限、项目信息更新频率、项目合作者数量、项目介绍的单词数量、项目视频数量、项目支持者数量、发起人 Facebook 好友数量对项目融资绩效有显著的正向影响；项目融资目标则对项目融资绩效产生了显著的负向影响；项目评论数量、项目介绍图片和项目推介网站数量对项目融资绩效没有显著影响；项目发起人的项目发起经历对于其现阶段众筹项目有显著的正向影响；项目发起人的投资经历对现阶段发起众筹项目融资绩效的影响不能一概而论，这种影响因不同类型的众筹项目而影响不同。其中，显著正向影响的项目类型主要有游戏（Game）、新闻（Journalism）、摄影（Photography）和技术（Technology），而食物（Food）和音乐（Music）则存在显著的负向影响。而其他艺术（Art）、漫画（Comics）、工艺品（Crafts）、舞蹈（Dance）、设计（Design）、时尚（Fashion）、电影和视频（Film & Video）、出版（Publishing）、戏剧（Theater）九种类型的众筹项目则不存在这种影响。

第 7 章 结论

本书主要研究众筹平台生态系统及关键主体行为研究,为解决上述研究问题,本书采用了案例研究法分析众筹平台生态系统;采用调查问卷收集数据,并通过结构方程模型研究众筹支持者的项目投资意愿、项目分享意愿和众筹持续参与意愿;采用 Python 编程爬取客观数据,研究发起人视角下的众筹项目融资绩效。通过多种方法的研究,本书得到以下研究结论:

7.1 通过案例研究,提炼出了融合型、交叉型和独立型三种类型的众筹平台生态系统

众筹生态系统是当前众筹平台发展的重要趋势,本书以 8 组众筹平台为案例,研究众筹生态系统的类型以及演化发展动力。本书提炼出了融合型、交叉型和独立型三种类型的众筹平台生态系统。融合型众筹平台生态系统物种数量多,关系相对松散,独立型众筹平台生态系统物种数量少,但物种关系最为紧密,而交叉型众筹平台生态系统,无论是物种数量还是物种关系紧密度都介于两者之

间。众筹平台背后的商业资源很大程度上决定了众筹平台生态系统结构和发展道路;生态系统演化发展的动力机制是"需求满足"机制,系统内物种被动增长,产生新的资源和服务需求,系统管理者主动监测这种新的需求,并满足之,系统资源和服务类型就能进一步拓展和升级。本书首先关注了众筹平台生态系统这一现实问题,并根据我国众筹产业实际情况提出了三种类型的众筹平台生态系统,进一步从学术角度将众筹与创业进行了联系,拓展了众筹学术研究。

7.2 针对众筹支持者关键主体,构建了其投资行为意愿、分享行为意愿和持续参与行为意愿模型

以角色理论解释支持者的投资意愿,构建了众筹支持者的投资行为意愿模型,研究发现:支持者具备消费者角色(独特性产品需求)和投资人角色(投机心理),但不具备社会人角色(亲社会倾向)。同时发现,模仿他人对众筹支持者的投资意愿产生了正向影响。

跨平台(众筹平台到社交网络平台)研究构建了众筹用户的项目分享行为意愿模型。研究发现:支持者对项目的认可度受到项目展示视觉效果、信息质量、项目产品创新性以及众筹用户的风险感知的影响;支持者的项目分享意愿受到自我形象表达、社会互动动机以及助人动机的驱动。

基于期望确认理论,构建了众筹支持者的众筹持续参与意愿模型。研究发现:期望确认模型适用于支持者的众筹持续参与意愿研究。同时,平台的用户界面和支持者的安全感知正向影响支持者的众筹满意度;消费者创新性特质可以有效提升支持者众筹持续参与意愿。

不同于前人主要关注众筹支持者的投资行为,这一部分研究系统地分析了众

筹支持者的投资行为、分享行为和持续参与性行为，积极地拓展了众筹学术研究的范围和内容，进一步丰富了众筹学术研究。

7.3 针对众筹发起者关键主体，构建了发起者行为与众筹项目融资绩效影响关系模型

针对众筹发起者关键主体，研究其行为对项目融资绩效的影响，实证研究结论表明：项目发起人的项目发起经历对于现阶段众筹项目有显著的正向影响；项目发起人的投资经历对现阶段发起众筹项目融资绩效的影响不能一概而论，这种影响因不同类型的众筹项目而影响不同。其中，显著正向影响的项目类型主要有游戏（Game）、新闻（Journalism）、摄影（Photography）和技术（Technology），而食物（Food）和音乐（Music）则存在显著的负向影响。而其他艺术（Art）、漫画（Comics）、工艺品（Crafts）、舞蹈（Dance）、设计（Design）、时尚（Fashion）、电影和视频（Film & Video）、出版（Publishing）、戏剧（Theater）九种类型的众筹项目则不存在这种影响。这一部分研究关注了发起者曾经发起的项目经历和曾经支持项目经历对现阶段项目融资绩效的影响。这是前人研究中未涉及的关键变量，研究结论丰富了众筹项目融资绩效学术研究，发现了前人未发现的新因素。

参考文献

［1］零壹研究院. 2015年众筹服务行业年度报告［M］. 北京：东方出版社，2015：4-9.

［2］零壹研究院. 众筹服务行业年度报告2016～2017［M］. 北京：电子工业出版社，2017：11-20.

［3］Mollick E. The Dynamics of Crowdfunding：An Exploratory Study［J］. Journal of Business Venturing，2014，29（1）：1-16.

［4］刘征驰，马滔，周莎，何焰. 极客经济、社群生态与互联网众筹产品定价［J］. 中国管理科学，2017，25（9）：107-115.

［5］王雪莉，董念念. 中国式众筹的信任如何构建和演化？——基于水木客众筹行为的案例研究［J］. 管理评论，2018，30（1）：242-255.

［6］Davis B C，Hmieleski K M，Webb J W，et al. Funders'Positive Affective Reactions to Entrepreneurs'Crowdfunding Pitches：The Influence of Perceived Product Creativity and Entrepreneurial Passion［J］. Journal of Business Venturing，2017，32（1）：90-106.

［7］Bi S，Liu Z，Usman K. The Influence of Online Information on Investing Decisions of Reward-based Crowdfunding［J］. Journal of Business Research，2017，

71（7）：10－18.

［8］Lambert T, Schwienbacher A. An Empirical Analysis of Crowdfunding ［J］. Social Science Research Network，2010（1）：1－23.

［9］Pitschner S，Pitschner－Finn S. Non－Profit Differentials in Crowd－Based Financing：Evidence from 50000 Campaigns ［J］. Economics Letters，2014，123（3）：391－394.

［10］吴俊，文联，崔昊哲. 奖励型众筹项目筹资完成率关键影响因素研究——基于筹资方属性和项目属性的探索［J］. 科技进步与对策，2017，34（11）：19－24.

［11］张天顶，胡颦杨. 众筹项目融资效率的影响因素分析［J］. 软科学，2017，31（3）：16－20.

［12］Zheng H，Li D，Wu J，et al. The Role of Multidimensional Social Capital in Crowdfunding：A Comparative Study in China and US ［J］. Information & Management，2014，51（4）：488－496.

［13］Colombo M G，Franzoni C，Rossi－Lamastra C. Internal Social Capital and the Attraction of Early Contributions in Crowdfunding ［J］. Entrepreneurship Theory and Practice，2015，39（1）：75－100.

［14］Hobbs J，Grigore G，Molesworth M. Success in the Management of Crowdfunding Projects in the Creative Industries ［J］. Internet Research Electronic Networking Applications Policy，2016，26（1）：146－166.

［15］郑海超，齐子豪，伍晶，王涛，万能. 产品众筹项目融资绩效的影响因素研究：ELM理论视角［J］. 电子科技大学学报（社会科学版），2015（1）：45－50.

［16］刘刚，王泽宇. 创业团队文化多样性与互联网创业融资——基于产品众筹数据的实证分析［J］. 财贸经济，2016（6）：113－128.

[17] 郑海超,黄宇梦,王涛,陈冬宇. 创新项目股权众筹融资绩效的影响因素研究 [J]. 中国软科学,2015 (1):130 – 138.

[18] 彭红枫,米雁翔. 信息不对称、信号质量与股权众筹融资绩效 [J]. 财贸经济,2017,38 (5):80 – 95.

[19] Kuppuswamy V, Bayus B L. Does My Contribution to Your Crowdfunding Project Matter? [J]. Journal of Business Venturing, 2017, 32 (1): 72 – 89.

[20] 李晓鑫,曹红辉. 信息披露、投资经验与羊群行为——基于众筹投资的研究 [J]. 财贸经济,2016 (10):72 – 86.

[21] 钱颖,朱莎. 基于项目类型的股权众筹羊群行为及领投人作用研究 [J]. 科技进步与对策,2017 (1):15 – 19.

[22] 吴文清,付明霞,赵黎明. 我国众筹成功影响因素及羊群现象研究 [J]. 软科学,2016 (2):5 – 8.

[23] Gerber E M, Hui J. Crowdfunding: Motivations and Deterrents for Participation [J]. ACM Transactions on Computer – Human Interaction (TOCHI), 2013, 20 (6): 34 – 41.

[24] Burtch G, Ghose A, Wattal S. An Empirical Examination of the Antecedents and Consequences of Contribution Patterns in Crowd – funded Markets [J]. Information Systems Research, 2013, 24 (3): 499 – 519.

[25] Gleasure R. Resistance to Crowdfunding Among Entrepreneurs: An Impression Management Perspective [J]. The Journal of Strategic Information Systems, 2015, 24 (4): 219 – 233.

[26] 焦微玲,刘敏楼. 社会化媒体时代的众筹:国外研究述评与展望 [J]. 中南财经政法大学学报,2014 (5):65 – 71.

[27] 刘明霞,黄丹. 基于扎根理论的奖励型众筹发起者参与动机研究 [J]. 科技进步与对策,2015,32 (24):6 – 11.

[28] 穆瑞章,刘玉斌,王泽宇. 女性社会网络关系与创业融资劣势——基于PSM方法和众筹数据的经验研究[J]. 科技进步与对策,2017,34(8): 80-85.

[29] Cholakova M, Clarysse B. Does the Possibility to Make Equity Investments in Crowdfunding Projects Crowd out Reward-based Investments?[J]. Entrepreneurship Theory and Practice, 2015, 39(1): 145-172.

[30] 郑海超,杨婷婷,陈冬宇,万能. 创新项目大众筹资:资助人公民行为的价值[J]. 科研管理,2015,36(11): 37-46.

[31] 陈艳艳,王娟,张亚娜. 回报众筹中社会认同对投资者决策的作用——基于群体情绪及效能路径的分析[J]. 商业研究,2017,59(3): 127-135.

[32] 徐晨飞,陈珂祺. 众筹网站用户参与度影响因素研究——以"众筹网"为例[J]. 情报杂志,2015,34(11): 175-182.

[33] Allison T H, Davis B C, Short J C, et al. Crowdfunding in A Prosocial Microlending Environment: Examining The Role of Intrinsic Versus Extrinsic Cues[J]. Entrepreneurship Theory and Practice, 2015, 39(1): 53-73.

[34] 李龙一,杨祺. 众筹模式下心理距离对投资者支付意愿的影响[J]. 科技进步与对策,2017,34(13): 30-39.

[35] 龚丽敏,江诗松. 平台型商业生态系统战略管理研究前沿:视角和对象[J]. 外国经济与管理,2016,38(6): 38-50+62.

[36] 王宏起,汪英华,武建龙,刘家洋. 新能源汽车创新生态系统演进机理——基于比亚迪新能源汽车的案例研究[J]. 中国软科学,2016(4): 81-94.

[37] 李晓华,刘峰. 产业生态系统与战略性新兴产业发展[J]. 中国工业经济,2013(3): 20-32.

［38］张肃，靖舒婷. 众创空间知识生态系统模型构建及知识共享机制研究［J］. 情报科学，2017，35（11）：61－65.

［39］张正，王孚瑶，张玉明. 云创新与互联网金融生态系统构建——以阿里金融云为例［J］. 经济与管理研究，2017，38（3）：53－60.

［40］Rohrbeck R, Hölzle K, Gemünden H G. Opening up for Competitive Advantage – How Deutsche Telekom Creates an Open Innovation Ecosystem［J］. R&D Management, 2009, 39（4）：420－430.

［41］Ritala P, Almpanopoulou A. In Defense of "eco" in Innovation Ecosystem［J］. Technovation, 2017（60）：39－42.

［42］Rong K, Hu G, Lin Y, et al. Understanding Business Ecosystem Using a 6C Framework in Internet – of – Things – based Sectors［J］. International Journal of Production Economics, 2015（159）：41－55.

［43］Feng A Y T, Himsworth C G. The Secret Life of the City Rat：A Review of the Ecology of Urban Norway and Black Rats（Rattus Norvegicus and Rattus Rattus）［J］. Urban Ecosystems, 2014, 17（1）：149－162.

［44］蔡莉，彭秀青，Satish Nambisan，王玲. 创业生态系统研究回顾与展望［J］. 吉林大学社会科学学报，2016（1）：5－16＋187.

［45］项国鹏，宁鹏，罗兴武. 创业生态系统研究述评及动态模型构建［J］. 科学学与科学技术管理，2016，37（2）：79－87.

［46］Neck H M, Meyer G D, Cohen B, et al. An Entrepreneurial System View of new Venture Creation［J］. Journal of Small Business Management, 2004, 42（2）：190－208.

［47］Cohen B. Sustainable Valley Entrepreneurial Ecosystems［J］. Business Strategy the Environment, 2006, 15（1）：1－14.

［48］Isenberg D. Introducing the Entrepreneurship Ecosystem：Four Defining

Characteristics [J]. Forbes, 2011 (5): 25–31.

[49] Suresh J, Ramraj R. Entrepreneurial Ecosystem: Case Study on the Influence of Environmental Factors on Entrepreneurial Success [J]. European Journal of Business & Management, 2012, 4 (16): 95–101.

[50] Foster G, Shimizu C. Entrepreneurial Ecosystems around the Globe and Company Growth Dynamics [R]. Geneva: World Economic Forum, 2013.

[51] 汪忠,廖宇,吴琳. 社会创业生态系统的结构与运行机制研究 [J]. 湖南大学学报（社会科学版）, 2014, 28 (5): 61–65.

[52] 杨勇,王志杰. 区域科技创业生态系统运行机制及政策仿真研究 [J]. 科学学与科学技术管理, 2014, 35 (12): 99–108.

[53] 吴伟,陈仲常,黄玮. 国家创业生态系统要素与创业活动关系研究 [J]. 科技进步与对策, 2016, 33 (18): 7–11.

[54] 马鸿佳,宋春华,毕强. 基于创业生态系统的多层级知识转移模型研究 [J]. 图书情报工作, 2016, 60 (14): 16–23.

[55] Reynolds P, Bosma N, Autio E, et al. Global Entrepreneurship Monitor: Data Collection Design and Implementation 1998~2003 [J]. Small Business Economics, 2005, 24 (3): 205–231.

[56] 胡岗岚,卢向华,黄丽华. 电子商务生态系统及其演化路径 [J]. 经济管理, 2009, 31 (6): 110–116.

[57] 杨加猛,张智光. 电子商务生态系统的共生模式研究 [J]. 电子商务, 2014, 15 (2): 15–16.

[58] 张夏恒. 移动电子商务生态系统构建路径研究 [J]. 北京邮电大学学报（社会科学版）, 2016, 18 (1): 40–44.

[59] 李春发,冯立攀,韩芳旭,程云龙. 电子商务生态系统的动态演化博弈分析 [J]. 系统科学学报, 2015, 23 (4): 75–78.

[60] Moore J F. Predators and Prey: A New Ecology of Competition [J]. Harvard Business Review, 1993, 71 (3): 75-83.

[61] Moore J F. Business Ecosystems and the View from the Firm [J]. Antitrust Bull, 2006, 69 (51): 31-75.

[62] Iansiti M, Levien R. The Keystone Advantage: What the New Dynamics of Business Ecosystems Mean for Strategy, Innovation, and Sustainability [M]. Brighton: Harvard Business Press, 2004: 21-29.

[63] 韩炜, 杨婉毓. 创业网络治理机制、网络结构与新企业绩效的作用关系研究 [J]. 管理评论, 2015, 27 (12): 65-79.

[64] 黄江明, 丁玲, 崔争艳. 企业生态位构筑商业生态竞争优势: 宇通和北汽案例比较 [J]. 管理评论, 2016, 28 (5): 220-231.

[65] 叶竹馨, 买忆媛. 创业团队的认知结构与创新注意力: 基于 TMS 视角的多案例研究 [J]. 管理评论, 2016, 28 (4): 225-240.

[66] 段玉厂, 傅首清. 中关村高层次创新创业人才循环机制建设路径研究——基于与硅谷的比较 [J]. 管理评论, 2015, 27 (7): 87-93+176.

[67] 祝振铎. 创业导向、创业拼凑与新企业绩效: 一个调节效应模型的实证研究 [J]. 管理评论, 2015, 17 (11): 57-65.

[68] 谢森树, 高鹏, 常桦. 中国国际众筹产业论坛: 用众筹连接世界, 中国众筹产业地图解读 [M]. 北京: 中国经济出版社, 2015: 54-59.

[69] 零壹研究院. 2015 年众筹服务行业年度报告 [M]. 北京: 东方出版社, 2015: 27-29.

[70] 霍学文. 新金融, 新生态: 互联网金融的框架分析与创新思考 [M]. 北京: 中信出版社, 2015: 64-75.

[71] 郭春光, 赵月阳. 众筹: 互联网+时代的融资新思维 [M]. 北京: 人民邮电出版社, 2015: 79-81.

[72] 李光斗. 社交众筹 [M]. 北京:机械工业出版社,2015:91-99.

[73] Morduch J. The Microfinance Promise [J]. Journal of Economic Literature, 1999, 37 (4): 1569-1614.

[74] Poetz M K, Schreier M. The Value of Crowdsourcing: Can Users Really Compete with Professionals in Generating new Product ideas? [J]. Journal of Product Innovation Management, 2012, 29 (2): 245-256.

[75] Fan-Osuala O, Zantedeschi D, Jank W. Using Past Contribution Patterns to Forecast Fundraising Outcomes in Crowdfunding [J]. International Journal of Forecasting, 2018, 34 (1): 30-44.

[76] Roma P, Petruzzelli A M, Perrone G. From the Crowd to the Market: The Role of Reward-based Crowdfunding Performance in Attracting Professional Investors [J]. Research Policy, 2017, 46 (9): 1606-1628.

[77] Kang L, Jiang Q, Tan C H. Remarkable Advocates: An Investigation of Geographic Distance and Social Capital for Crowdfunding [J]. Information & Management, 2017, 54 (3): 336-348.

[78] 赵宇翔,陈立. 面向大学生创业的众筹模式运用:基于扎根理论的分析 [J]. 科技进步与对策, 2016 (17): 131-138.

[79] 黄玲,尼安木,周科. 创业融资、众筹平台转型与中国智造——以点名时间为例 [J]. 贵州财经大学学报, 2016 (1): 28-38.

[80] 吕晨. 中国情境下产品众筹的商业模式研究 [J]. 贵州财经大学学报, 2017 (3): 51-59.

[81] 黄健青,黄晓凤,殷国鹏. 众筹项目融资成功的影响因素及预测模型研究 [J]. 中国软科学, 2017 (7): 91-100.

[82] Zvilichovsky D, Danziger S, Steinhart Y. Making-the-Product-Happen: A Driver of Crowdfunding Participation [J]. Journal of Interactive Marketing,

2018 (41): 81-93.

[83] Von Hippel E. Lead Users: A Source of Novel Product Concepts [J]. Management Science, 1986, 32 (7): 791-805.

[84] Von Hippel E. New Product Ideas from Lead Users [J]. Research Technology Management, 1989, 32 (3): 24-27.

[85] 董长瑞, 邢宏建. 网络投机消费研究 [J]. 中国工业经济, 2009 (2): 35-45.

[86] Hui J S, Greenberg M D, Gerber E M. Understanding the Role of Community in Crowdfunding work [C] //Proceedings of the 17th ACM Conference on Computer Supported Cooperative work & Social Computing, ACM, 2014: 62-74.

[87] Lerner R M, Lerner J V. Developmental Psychology [M]. Springer Netherlands, 2013: 254-259.

[88] Aronson E, Wilson T D, Sommers S R. Social Psychology [M]. Pearson, 2015: 241-243.

[89] Fabes R A, Hanish L D, Martin C L, et al. The Effects of Young Children's Affiliations with Prosocial Peers on Subsequent Emotionality in Peer Interactions [J]. British Journal of Developmental Psychology, 2012, 30 (4): 569-585.

[90] Eisenberg N, VanSchyndel S K, Hofer C. The Association of Maternal Socialization in Childhood and Adolescence with Adult Offsprings' Sympathy/caring [J]. Developmental Psychology, 2015, 51 (1): 7-18.

[91] Tooby J, Cosmides L. The Past Explains the Present: Emotional Adaptations and the Structure of Ancestral Environments [J]. Ethology and Sociobiology, 1990, 11 (4): 375-424.

[92] Cosmides L, Tooby J. Cognitive Adaptations for Social Exchange [J]. The Adapted Mind, 1992 (1): 163-228.

[93] Scharfstein D S, Stein J C. Herd Behavior and Investment [J]. The American Economic Review, 1990 (1): 465-479.

[94] Avery C, Zemsky P. Multidimensional Uncertainty and Herd Nehavior in Financial Markets [J]. American economic review, 1998 (1): 724-748.

[95] Chang E C, Cheng J W, Khorana A. An Examination of Herd Behavior in Equity Markets: An International Perspective [J]. Journal of Banking & Finance, 2000, 24 (10): 1651-1679.

[96] Hanson W A, Putler D S. Hits and Misses: Herd Behavior and Online Product Popularity [J]. Marketing Letters, 1996, 7 (4): 297-305.

[97] Chen Y F. Herd Behavior in Purchasing Books Online [J]. Computers in Human Behavior, 2008, 24 (5): 1977-1992.

[98] Liu Y, Sutanto J. Buyers' Purchasing Time and Herd Behavior on Deal-of-the-day Group-buying Websites [J]. Electronic Markets, 2012, 22 (2): 83-93.

[99] Loisel O, Pommeret A, Portier F. Monetary Policy and Herd Behavior in new-tech Investment [J]. Banque de France/UniversitZ de Lausanne/Toulouse School of Economics Mimeo, 2009 (1): 7-14.

[100] Sun H. A longitudinal Study of Herd Behavior in the Adoption and Continued use of Technology [J]. MIS Quarterly, 2013, 37 (4): 1013-1041.

[101] Hisakado M, Mori S. Phase Transition and Information Cascade in a Voting Model [J]. Journal of Physics A: Mathematical and Theoretical, 2010, 43 (31): 7-14.

[102] Van Wingerden R, Ryan J. Fighting for Funds: An Exploratory Study into the Field of Crowdfunding [J]. Extraction, 2011, 14 (151): 1-082.

[103] Cipriani M, Guarino A. Herd Behavior in a Laboratory Financial Market [J]. American Economic Review, 2005 (1): 1427-1443.

［104］ Lynn M, Harris J. The Desire for Unique Consumer Products: A New Individual Differences Scale ［J］. Psychology & Marketing, 1997, 14 (6): 601 – 616.

［105］ Lee H P, Chae P K, Lee H S, et al. The Five – factor Gambling Motivation Model ［J］. Psychiatry Research, 2007, 150 (1): 21 – 32.

［106］ Lee E J, Oh S Y. To Personalize or Depersonalize? When and How Politicians'Personalized Tweets affect the Public's Reactions ［J］. Journal of Communication, 2012, 62 (6): 932 – 949.

［107］ Michel Harms. What Drives Motivation to Participate Financially in a Crowdfunding Community? ［D］. Amsterdam: University of Amsterdam, 2007: 61 – 67.

［108］ Franke N, Shah S. How Communities Support Innovative Activities: an Exploration of Assistance and Sharing Among End – users ［J］. Research Policy, 2003, 32 (1): 157 – 178.

［109］ Lu, Zhao, Wang. From Virtual Community Members to C2C E – commerce buyers: Trust in Virtual Communities and its Effect on Consumers' Purchase Intention ［J］. Electronic Commerce Research and Applications, 2010, 9 (4): 346 – 360.

［110］ Hock M, Ringle C M. Local Strategic Networks in the Software Industry: An Empirical Analysis of the Value Continuum ［J］. International Journal of Knowledge Management Studies, 2010, 4 (2): 132 – 151.

［111］ Wetzels M, Odekerken – Schröder G, Van Oppen C. Using PLS path Modeling for Assessing Hierarchical Construct Models: Guidelines and Empirical Illustration ［J］. MIS Quarterly, 2009: 177 – 195.

［112］ Henseler J, Fassott G. Testing Moderating Effects in PLS Path Models: An

Illustration of Available Procedures [M] //Handbook of Partial least Squares. Springer Berlin Heidelberg, 2010: 713-735.

[113] Bollen K A. Structural Equations with Latent Variables [M]. John Wiley & Sons, 2014: 140-143.

[114] Muthén B. Latent Variable Structural Equation Modeling with Categorical Data [J]. Journal of Econometrics, 1983, 22 (1): 43-65.

[115] Hair J F, Sarstedt M, Ringle C M, et al. An Assessment of the Use of Partial Least Squares Structural Equation Modeling in Marketing Research [J]. Journal of the Academy of Marketing Science, 2012, 40 (3): 414-433.

[116] Henseler J, Sarstedt M. Goodness-of-fit indices for Partial Least Squares Path Modeling [J]. Computational Statistics, 2013, 28 (2): 565-580.

[117] Fornell C, Larcker D F. Evaluating Structural Equation Models with Unobservable Variables and Measurement Error [J]. Journal of marketing research, 1981 (1): 39-50.

[118] Hair Jr J F, Hult G T M, Ringle C, et al. A Primer on Partial Least Squares Structural Equation Modeling (PLS-SEM) [M]. Sage Publications, 2013: 151-156.

[119] Tenenhaus M, Amato S, Esposito Vinzi V. A Global Goodness-of-fit Index for PLS Structural Equation Modelling [C] //Proceedings of the XLII SIS scientific meeting. CLEUP Padova, 2004 (1): 739-742.

[120] Costa Jr P, Terracciano A, McCrae R R. Gender Differences in Personality Traits Across Cultures: Robust and Surprising Findings [J]. Journal of Personality and Social Psychology, 2001, 81 (2): 322.

[121] Schreier M, Oberhauser S, Prügl R. Lead Users and the Adoption and Diffusion of New Products: Insights from Two Extreme Sports Communities [J]. Market-

ing Letters, 2007, 18 (1-2): 15-30.

[122] Lettl C, Hienerth C, Gemuenden H G. Exploring how Lead Users Develop Radical Innovation: Opportunity Recognition and Exploitation in the field of Medical Equipment Technology [J]. Engineering Management, IEEE Transactions on, 2008, 55 (2): 219-233.

[123] Myers D G, Lamm H. The Group Polarization Phenomenon [J]. Psychological Bulletin, 1976, 83 (4): 602.

[124] Turner J C, Wetherell M S, Hogg M A. Referent Informational Influence and Group Polarization [J]. British Journal of Social Psychology, 1989, 28 (2): 135-147.

[125] Belleflamme P, Lambert T, Schwienbacher A. Crowdfunding: Tapping the Right Crowd [J]. Journal of Business Venturing, 2014, 29 (5): 585-609.

[126] Zhao Q, Chen C D, Wang J L, et al. Determinants of Backers' Funding Intention in Crowdfunding: Social Exchange Theory and Regulatory Focus [J]. Telematics and Informatics, 2017, 34 (1): 370-384.

[127] 蔡曙山, 薛小迪. 人工智能与人类智能——从认知科学五个层级的理论看人机大战 [J]. 北京大学学报（哲学社会科学版），2016, 53 (4): 145-154.

[128] Hasan B. Perceived Irritation in Online Shopping: The Impact of Website Design Characteristics [J]. Computers in Human Behavior, 2016, 54 (6): 224-230.

[129] Dedeke A N. Travel Web-site Design: Information Task-fit, Service Quality and Purchase Intention [J]. Tourism Management, 2016, 54 (9): 541-554.

[130] Wells J D, Valacich J S, Hess T J. What Signal are you Sending? How

Website Quality Influences Perceptions of Product Quality and Purchase Intentions [J]. MIS Quarterly, 2011, 35 (4): 373-396.

[131] Cyr D. Modeling Web Site Design Across Cultures: Relationships to Trust, Satisfaction, and E-Loyalty [J]. Journal of Management Information Systems, 2008, 24 (4): 47-72.

[132] Ghasemaghaei M, Hassanein K. Online Information Quality and Consumer Satisfaction: The Moderating Roles of Contextual Factors-A Meta-Analysis [J]. Information & Management, 2015, 52 (8): 965-981.

[133] Ghasemaghaei M, Hassanein K. A Macro Model of Online Information Quality Perceptions: A Review and Synthesis of the Literature [J]. Computers in Human Behavior, 2016, 55 (2): 972-991.

[134] Hong J C, Lin P H, Hsieh P C. The Effect of Consumer Innovativeness on Perceived Value and Continuance Intention to use Smartwatch [J]. Computers in Human Behavior, 2017, 55 (5): 264-272.

[135] Shehu E, Bijmolt T H A, Clement M. Effects of Likeability Dynamics on Consumers' Intention to Share Online Video Advertisements [J]. Journal of Interactive Marketing, 2016, 35 (6): 27-43.

[136] Liu L, Cheung C M K, Lee M K O. An Empirical Investigation of Information Sharing Behavior on Social Commerce Sites [J]. International Journal of Information Management, 2016, 36 (5): 686-699.

[137] 左文明, 王旭, 樊偿. 社会化电子商务环境下基于社会资本的网络口碑与购买意愿关系 [J]. 南开大学管理评论, 2014, 17 (4): 140-150+160.

[138] Quan-Haase A, Young A L. Uses and Gratifications of Social Media: A Comparison of Facebook and Instant Messaging [J]. Bulletin of Science, Technology & Society, 2010, 30 (5): 350-361.

[139] Ku Y C, Chu T H, Tseng C H. Gratifications for Using CMC Technologies: A Comparison Among SNS, IM, and E-mail [J]. Computers in Human Behavior, 2013, 29 (1): 226-234.

[140] Pempek T A, Yermolayeva Y A, Calvert S L. College Students'Social Networking Experiences on Facebook [J]. Journal of Applied Developmental Psychology, 2009, 30 (3): 227-238.

[141] Urista M A, Dong Q, Day K D. Explaining why Young Adults use My Space and Facebook Through uses and Gratifications Theory [J]. Human Communication, 2009, 12 (2): 215-229.

[142] Han S, Min J, Lee H. Antecedents of Social Presence and Gratification of Social Connection Needs in SNS: A Study of Twitter Users and Their Mobile and Non-mobile Usage [J]. International Journal of Information Management, 2015, 35 (4): 459-471.

[143] Kim H W, Gupta S, Koh J. Investigating the Intention to Purchase Digital Items in Social Networking Communities: A Customer Value Perspective [J]. Information & Management, 2011, 48 (6): 228-234.

[144] Liu L, Cheung C M K, Lee M K O. An Empirical Investigation of Information Sharing Behavior on Social Commerce Sites [J]. International Journal of Information Management, 2016, 36 (5): 686-699.

[145] Shaouf A, Lü K, Li X. The Effect of web Advertising Visual Design on Online Purchase Intention: An Examination Across Gender [J]. Computers in Human Behavior, 2016, 60 (7): 622-634.

[146] Chavez R, Yu W, Gimenez C, et al. Customer Integration and Operational Performance: The Mediating Role of Information Quality [J]. Decision Support Systems, 2015, 80 (4): 83-95.

[147] Zhang H, Liang X, Wang S. Customer Value Anticipation, Product Innovativeness, and Customer Lifetime Value: The Moderating role of Advertising Strategy [J]. Journal of Business Research, 2016, 69 (9): 3725-3730.

[148] Tseng S Y, Wang C N. Perceived Risk Influence on Dual-route Information Adoption Processes on Travel Websites [J]. Journal of Business Research, 2016, 69 (6): 2289-2296.

[149] Bhattacherjee A. Understanding Information Systems Continuance: An Expectation Confirmation Model [J]. MIS Quarterly, 2001, 25 (3): 351-370.

[150] Chen S S, Chuang Y W, Chen P Y. Behavioral Intention Formation in Knowledge Sharing: Examining the Roles of KMS Quality, KMS Self-efficacy, and Organizational Climate [J]. Knowledge-Based Systems, 2012, 31 (3): 106-118.

[151] Gu J, Xu Y C, Xu H, et al. Privacy Concerns for Mobile APP Download: An Elaboration Likelihood Model Perspective [J]. Decision Support Systems, 2017, 94 (5): 19-28.

[152] Armontrout J, Gitlin D, Gutheil T. Do Consultation Psychiatrists, Forensic Psychiatrists, Psychiatry Trainees, and Health Care Lawyers Differ in Opinion on Gray area Decision-making Capacity Cases? A Vignette-based Survey [J]. Psychosomatics, 2016, 57 (5): 472-479.

[153] Roberts L W, Warner T D, Smithpeter M, et al. Medical Students as Patients: Implications of their Dual Role as Explored in a Vignette-based Survey Study of 1027 Medical Students at Nine Medical Schools [J]. Comprehensive psychiatry, 2011, 52 (4): 405-412.

[154] 唐汉瑛, 龙立荣, 周如意. 谦卑领导行为与下属工作投入: 有中介的调节模型 [J]. 管理科学, 2015, 28 (3): 77-89.

[155] Yilmaz R. Knowledge Sharing Behaviors in E-learning Community: Exploring the Role of Academic Self-efficacy and Sense of Community [J]. Computers in Human Behavior, 2016, 63 (10): 373-382.

[156] Safa N S, Von Solms R. An Information Security Knowledge Sharing Model in Organizations [J]. Computers in Human Behavior, 2016, 57 (2): 442-451.

[157] Oghuma A P, Libaque-Saenz C F, Wong S F, et al. An Expectation-Confirmation Model of Continuance Intention to use Mobile Instant Messaging [J]. Telematics & Informatics, 2016, 33 (1): 34-47.

[158] Hsu C L, Lin C C. What Drives Purchase Intention for Paid Mobile Apps? -An Expectation Confirmation Model with Perceived Value [J]. Electronic Commerce Research & Applications, 2015, 14 (1): 46-57.

[159] Liao C, Lin H N, Luo M M, et al. Factors Influencing Online Shoppers' Repurchase Intentions: The Roles of Satisfaction and Regret [J]. Information & Management, 2017, 54 (5): 651-668.

[160] Belleflamme P, Omrani N, Peitz M. The Economics of Crowdfunding Platforms [J]. Information Economics and Policy, 2015, 33 (3): 11-28.

[161] Yang S, Lu Y, Gupta S, et al. Mobile Payment Services Adoption Across time: An Empirical Study of the Effects of Behavioral Beliefs, Social Influences, and Personal Traits [J]. Computers in Human Behavior, 2012, 28 (1): 129-142.

[162] Bhattacherjee A. Understanding Information Systems Continuance: An Expectation Confirmation Model [J]. MIS Quarterly, 2001, 25 (3): 351-370.

[163] 黄倩, 谢朝武. 酒店员工—顾客间互动对员工工作效率和顾客满意度的影响研究 [J]. 旅游学刊, 2017, 32 (4): 66-77.

[164] 张培. 技术接受模型的理论演化与研究发展 [J]. 情报科学, 2017, 35 (9): 165-171.

[165] Hasan B. Perceived Irritation in Online Shopping: The Impact of Website Design Characteristics [J]. Computers in Human Behavior, 2016, 54 (6): 224 – 230.

[166] Dedeke A N. Travel Web – site Design: Information Task – fit, Service Quality and Purchase Intention [J]. Tourism Management, 2016, 54 (9): 541 – 554.

[167] Wells J D, Valacich J S, Hess T J. What Signal are you Sending? How Website Quality Influences Perceptions of Product Quality and Purchase Intentions [J]. MIS Quarterly, 2011 (4): 373 – 396.

[168] Shen C C, Chiou J S. The Impact of Perceived Ease of use on Internet Service Adoption: The Moderating Effects of Temporal Distance and Perceived Risk [J]. Computers in Human Behavior, 2010, 26 (1): 42 – 50.

[169] McCormac A, Zwaans T, Parsons K, et al. Individual Differences and Information Security Awareness [J]. Computers in Human Behavior, 2017, 69 (4): 151 – 156.

[170] Hong J C, Lin P H, Hsieh P C. The Effect of Consumer Innovativeness on Perceived Value and Continuance Intention to use Smartwatch [J]. Computers in Human Behavior, 2017, 67 (5): 264 – 272.

[171] Li G, Zhang R, Wang C. The Role of Product Originality, Usefulness and Motivated Consumer Innovativeness in New Product Adoption Intentions [J]. Journal of Product Innovation Management, 2015, 32 (2): 214 – 223.

[172] 劳可夫. 消费者创新性对绿色消费行为的影响机制研究 [J]. 南开管理评论, 2013, 16 (4): 106 – 113 + 132.

[173] 陈文沛, 刘伟, 李忆. 消费者创新性、消费者特性与新产品采用行为关系的实证研究 [J]. 管理评论, 2010, 22 (5): 35 – 41 + 62.

[174] Truong Y. A Cross-country Study of Consumer Innovativeness and Technological Service Innovation [J]. Journal of Retailing and Consumer Services, 2013, 20 (1): 130-137.

[175] Gibson R J, Michayluk D, Van de Venter G. Financial risk Tolerance: An Analysis of Unexplored Factors [J]. Financial Services Review, 2013, 22 (1): 23-50.

[176] Fisher P J, Yao R. Gender Differences in Financial Risk Tolerance [J]. Journal of Economic Psychology, 2017, 61 (6): 191-202.

[177] 袁朋伟,董晓庆,翟怀远,冯群. 共享领导对知识员工创新行为的影响研究——知识分享与团队凝聚力的作用 [J]. 软科学, 2018, 32 (1): 87-91.

[178] 杜建政,赵国祥,刘金平. 测评中的共同方法偏差 [J]. 心理科学, 2005 (2): 420-422.

[179] 周浩,龙立荣. 共同方法偏差的统计检验与控制方法 [J]. 心理科学进展, 2004 (6): 942-950.

[180] 陈利锋. 技能退化、干中学与失业的持续性 [J]. 贵州财经大学学报, 2017 (3): 1-14.

[181] 吴炜. 干中学:农民工人力资本获得路径及其对收入的影响 [J]. 农业经济问题, 2016, 37 (9): 53-60+111.

[182] 鲍宗客,陈艳莹. 行业干中学、市场规模与市场结构——中国微观制造企业的实证研究 [J]. 管理工程学报, 2014, 28 (3): 74-82.

[183] Fang X, Singh S, Ahluwalia R. An Examination of Different Explanations for the Mere Exposure Effect [J]. Journal of Consumer Research, 2007, 34 (1): 97-103.

[184] 周琦萍,徐迪,杨芳. 基于复杂社会网络和局部网络效应的新产品竞

争扩散的计算实验研究 [J]. 软科学, 2013, 27 (7): 13 - 17.

[185] 邵景波, 陈珂珂, 吴晓静. 社会网络效应下顾客资产驱动要素研究 [J]. 中国软科学, 2012 (8): 84 - 97.

附录1　众筹支持者投资行为意愿调查问卷

尊敬的先生/女士：

感谢您参与到我们的调查中来。我们是哈尔滨工业大学管理学院的研究人员，此次调查由哈尔滨工业大学"众筹平台支持者行为研究"课题组发起，课题旨在了解奖励众筹支持者投资行为意愿。

本次调研所有问项无对错之分，请根据您的真实感受进行作答。您的回答对本研究非常重要，希望您能认真作答，感谢您的配合。本调研问卷全部采用匿名方式，仅供学术研究之用，不做任何商业用途。课题组将保证您的个人信息安全，请您放心作答。

1　基本信息

您的性别	□男	□女		
您的年龄	□18岁以下	□18~25岁	□26~30岁	□31~40岁
	□41~50岁	□51~60岁	□60岁以上	

附录1 众筹支持者投资行为意愿调查问卷

续表

您的月收入水平（元）	□2000元以下　□2000~4000元　□4000~6000元　□6000~80000元 □8000~10000元　□10000~15000元　□15000元以上
您的受教育程度	□小学及以下　□初中　□高中中专及技校　□大专及大学本科 □硕士及以上
众筹经历	包括项目发起和项目投资经历，共 □0次　□1次　□2次　□3次　□4次　□5次　□5次以上

2　众筹介绍及项目阅读

众筹，顾名思义，就是一种集合大众之力，筹集资金的方式。项目发起人在众筹平台展示自己的梦想、创意或产品，并设定融资期限、融资额度以及项目成功后给予投资人的回报和奖励。项目浏览者可以根据自己的兴趣对项目进行投资、支持。如果众筹项目在规定的融资期限内达到了预设的融资额度，则表示项目众筹融资成功。待项目发起人完成项目产品后，再将承诺的回报和奖励回馈给投资人。如果项目没有在预定期限内筹集到预设的融资额度，表示项目失败，投资者的资金原路退还给投资人。

请认真阅读下图中的众筹项目，并作答后续的调研题项。网页链接：https://izhongchou.taobao.com/dreamdetail.htm? spm = a215p.128754.653087.29.489b4ed6pZkjma&id = 10049495#

项目部分截图：

3 调查问卷正式题项

在开始问卷之前，请根据您阅读上述众筹项目获得的信息，回答以下填空题	
该智能充电数据线的长度是多少米	
该智能充电数据线的接口类型是	
该项目团队（公司）总部位于	

请根据您在阅读完上述众筹项目后的真实感受，判断您对下列题项的认可程度。1表示完全不同意，2表示不同意，3表示不太同意，4表示中立，5表示有点同意，6表示同意，7表示非常同意。

独特性产品需求	1	2	3	4	5	6	7
我一般是潮流领导者而不是跟随者							
如果产品很稀缺，我更可能会购买							
我更喜欢专为顾客定制的事物而不是已经设计好的成品							

续表

独特性产品需求	1	2	3	4	5	6	7
我喜欢一些别人没有的东西							
我喜欢比别人先尝试新产品和服务							
我喜欢逛那些销售与众不同的产品的商店							
投机心理	1	2	3	4	5	6	7
参与上述众筹,我能用少量钱博取更大的价值和财富							
参与上述众筹项目,我可以获得超值的产品							
参与上述众筹项目,是一个获取产值产品的机会							
我听人说他们通过投资众筹项目获得了超值的产品							
亲社会心理	1	2	3	4	5	6	7
当我感觉不好时,我愿意和其他人一起,而不是单独待着							
我喜欢尽可能多地交朋友							
我更喜欢需要独立完成的工作,而不是合作完成的工作							
我喜欢出去玩,因为那样可以交到很多朋友							
我更喜欢个人活动,而不是团体活动							
比起花时间和朋友们在一起,我更喜欢看书或者看电影							
发起人能力	1	2	3	4	5	6	7
我对项目发起人有信心							
项目发起人看起来似乎没有什么竞争力							
项目发起人可以按照承诺完成众筹项目							
领先用户特征	1	2	3	4	5	6	7
在智能硬件领域,我总能比别人先发现新产品							
我的朋友们认为我是智能产品发烧友							
较早地接触智能硬件和产品,让我有明显的收获							
我有一些现有智能硬件产品不能满足的功能需求							
模仿行为	1	2	3	4	5	6	7
看起来这款产品有很多支持者,我也愿意支持这个众筹项目							
我会跟随其他人支持这个众筹项目							
我选择支持这个众筹项目,因为很多人都支持这个项目							
自我信息折扣	1	2	3	4	5	6	7
我支持这个众筹项目并不是出自我本意							
我支持这个众筹项目,并不是依据我自己的信息判断							
如果我不知道很多人选择支持这个项目的话,我也许不会支持这个项目							

续表

参与意愿	1	2	3	4	5	6	7
我会考虑支持这个项目							
我事实上会支持这个项目							
我愿意支持这个项目							

附录2 众筹支持者项目分享行为意愿调查问卷

尊敬的先生/女士：

感谢您参与到我们的调查中来。我们是哈尔滨工业大学管理学院的研究人员，此次调查由哈尔滨工业大学"众筹平台支持者行为研究"课题组发起，课题旨在了解奖励众筹支持者项目分享行为意愿。

本次调研所有问项无对错之分，请根据您的真实感受和意愿进行作答。您的回答对本研究非常重要，希望您能认真作答，感谢您的配合。本调研问卷全部采用匿名方式，仅供学术研究之用，不做任何商业用途。课题组将保证您的个人信息安全，请您放心作答。

1 基本信息

您的性别	□男	□女			
您的年龄	□18 岁以下 □51 岁以上	□18~25 岁	□26~30 岁	□31~40 岁	□41~50 岁

续表

您的月收入水平（元）	□2000 元以下　　□2000～5000 元　　□5000～10000 元　□10000 元以上
您的受教育程度	□小学及以下　□初中　□高中、中专及技校　□大学专科以及大专及大学本科　□硕士及以上
众筹经历	包括项目发起和项目投资经历，共 □0 次　　□1 次　　□2 次　　□3 次　　□4 次　　□5 次　　□5 次以上

2 众筹介绍及项目阅读

众筹，顾名思义，就是一种集合大众之力，筹集资金的方式。项目发起人在众筹平台展示自己的梦想、创意或产品，并设定融资期限、融资额度以及项目成功后给予投资人的回报和奖励。项目浏览者可以根据自己的兴趣对项目进行投资、支持。如果众筹项目在规定的融资期限内达到了预设的融资额度，则表示项目众筹融资成功。待项目发起人完成项目产品后，再将承诺的回报和奖励回馈给投资人。如果项目没有在预定期限内筹集到预设的融资额度，表示项目失败，投资者的资金原路退还给投资人。

请认真阅读下图中的众筹项目，并作答后续的调研题项。网页链接：

http：//www.zhongchou.com/deal-show/id-443665

项目部分截图：

附录 2 众筹支持者项目分享行为意愿调查问卷

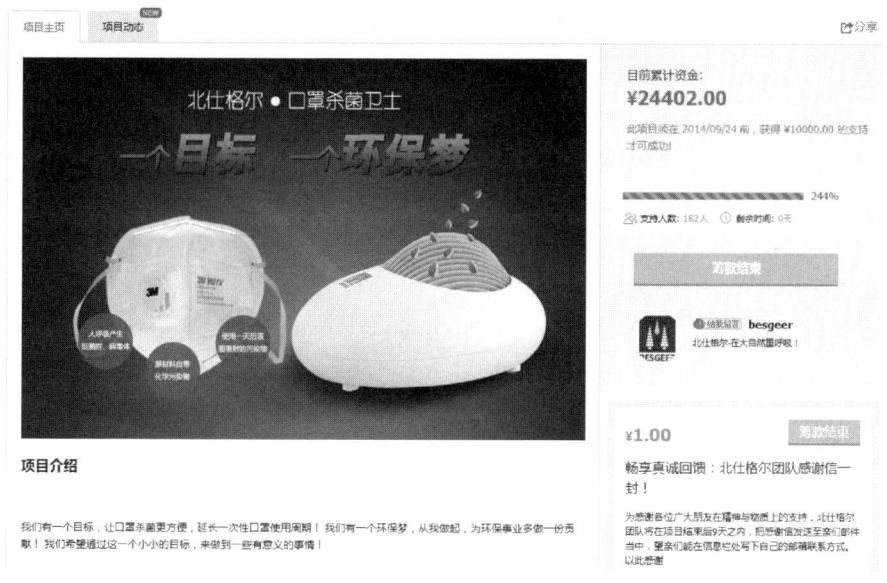

3　调查问卷正式题项

在开始问卷之前,请根据您阅读上述众筹项目获得的信息,回答以下填空题	
使用该产品 45 分钟,对黄色葡萄球菌的净化率是:	
该产品可以被分享到哪些社交平台	
该产品的专利号是:	

请根据您在阅读完上述众筹项目后的真实感受,判断您对下列题项的认可程度。1 表示完全不同意,2 表示不同意,3 表示不太同意,4 表示中立,5 表示有点同意,6 表示同意,7 表示非常同意。

· 169 ·

	1	2	3	4	5	6	7
乐于助人							
我喜欢帮助众筹平台上的项目发起人							
当我帮助众筹平台上的项目发起人时，我感觉很好							
帮助项目发起人获得项目成功，我感觉很愉悦							
自我形象表达	1	2	3	4	5	6	7
如果将这个众筹项目分享到我的社交圈，将会提升大家对我的形象认识							
分享这个众筹项目，能很好地表达我的个性和形象							
分享这个众筹项目，能提升大家对我的印象							
总之，分享这个众筹项目，会提升我在社交圈中的存在感							
社会互动	1	2	3	4	5	6	7
分享这个项目到社交网络，能增加我和朋友间的人际互动							
分享这个项目到社交网络，能保持我和他们的社会关系							
分享这个项目到社交网络，会帮助我交往到新朋友							
分享这个项目到社交网络，会增强我的社会关系							
项目网页视觉效果	1	2	3	4	5	6	7
总体来说，项目展示页面的视觉效果很好							
总体来说，项目展示页面看起来非常专业，设计非常棒							
总体来说，项目页面展示部分非常吸引人							
总体来说，项目页面展示部分让人觉得非常舒服							
产品创新性	1	2	3	4	5	6	7
与同类产品相比，这个众筹产品有独特的优势							
与同类产品相比，这个众筹产品更有创造性							
与同类产品相比，这个众筹产品有更先进的技术							
与同类产品相比，这个众筹产品的功能更加强大							
信息质量	1	2	3	4	5	6	7
发起人提供的项目信息是准确的							
发起人提供的项目信息是完整的							
发起人提供的项目信息是适当的							
发起人提供的项目信息是可靠的							
发起人提供的信息与项目非常相关							
感知风险	1	2	3	4	5	6	7
众筹模式存在一定风险							
这个项目看起来不错，但是仍然有失败的风险							
分享这个项目给我的朋友，可能会给他们带来不可预知的损失							

续表

感知风险	1	2	3	4	5	6	7
分享这个有风险的项目给我的朋友,可能会给我带来不必要的麻烦							
总体来说,分享这个项目到我的社交网络中,存在风险							
众筹项目认可度	1	2	3	4	5	6	7
我对这个众筹项目非常满意							
我对这个众筹项目非常喜欢							
我对这个众筹项目非常欣赏							
我对这个众筹项目非常认可							
众筹项目分享意愿	1	2	3	4	5	6	7
我会考虑分享这个众筹项目到社交网络中							
我愿意分享这个众筹项目到社交网络中							
我很乐意分享这个众筹项目到社交网络							

附录3　众筹支持者众筹持续参与行为意愿调查问卷

尊敬的先生/女士：

感谢您参与到我们的调查问卷中来。我们是哈尔滨工业大学管理学院的研究人员，此次调查由哈尔滨工业大学"众筹平台支持者行为研究"课题组发起，课题旨在了解奖励众筹支持者持续参与众筹行为意愿。

本次调研所有问项无对错之分，请根据您的真实感受和意愿进行作答。您的回答对本研究非常重要，希望您能认真作答，感谢您的配合。本调研问卷全部采用匿名方式，仅供学术研究之用，不做任何商业用途。课题组将保证您的个人信息安全，请您放心作答。

1　基本信息

您的性别	□男	□女		
地区	□农村	□城市		
您的年龄	□19岁及以下　□50岁以上	□19~29岁	□30~39岁	□40~49岁

续表

您的月收入水平（元）	□1000 元以下　　□1001~2000 元　　□2001~3000 元　　□3001~5000 元 □5001~8000 元　　□8001~10000 元　　□10000 元以上
您的受教育程度	□小学及以下　　□初中　　□高中/中专/技校　　□大学专科　　□大学本科 □硕士及以上
众筹经历	包括项目发起和项目投资经历，共 □0 次　　□1 次　　□2 次　　□3 次　　□4 次　　□5 次　　□5 次以上
您曾经参与的众筹平台	
您曾经参与支持的众筹项目名称	

2　调查问卷正式题项

众筹，顾名思义，就是一种集合大众之力，筹集资金的方式。项目发起人在众筹平台展示自己的梦想、创意等项目计划，并设定融资期限、融资额度以及项目成功后给予投资人的回报和奖励。项目浏览者可以根据自己的兴趣对项目进行投资、支持。如果众筹项目在规定的融资期限内达到了预设的融资额度，则表示项目众筹融资成功。待项目发起人完成项目产品后，再将承诺的回报和奖励回馈给投资人。如果项目没有在预定期限内筹集到预设的融资额度，表示项目失败，投资者的资金原路退还给投资人。

请根据您的真实众筹经历，回答以下题项。

消费者创新性特质	1	2	3	4	5	6	7
我会购买一个我以前没有听说过的新产品							
我总是我朋友圈中第一个购买新产品的人							
我比其他人知道更多关于新产品的知识和新闻							
如果有新产品上市，我很愿意去购买							
众筹满意度	1	2	3	4	5	6	7
之前的众筹经历让我很满意							
之前的众筹经历让我很高兴							
之前的众筹经历让我很满足							
感知安全	1	2	3	4	5	6	7
众筹平台提供了相应的信息和财产安全保护措施							
众筹平台有能力保护用户的信息和财产安全							
众筹平台非常关心用户的信息和财产安全							
参与众筹平台的众筹项目，我对信息和财产安全很放心							
用户界面	1	2	3	4	5	6	7
众筹平台的每个功能都容易理解							
即使第一次众筹，我也能很快了解众筹平台							
众筹平台呈现的信息，能使我轻松地了解它							
众筹平台的信息是适当的							
在众筹平台上，我能很容易找到我需要的信息							
在众筹平台上，我能很容易实现我需要的功能							
在众筹平台上，我能快速检索到我需要的信息							
众筹平台提供了我需要的信息和功能							
众筹平台的信息和功能可视化做得很好							
期望确认	1	2	3	4	5	6	7
参与众筹的获得感，远超我的预期							
我的众筹体验超出了我的预期							
感知有用性	1	2	3	4	5	6	7
我觉得众筹改善了我的生活							
众筹让我获得了更好的产品							
众筹让我获得了更超值的产品							
众筹让我更容易找到好产品							

续表

众筹持续参与意愿	1	2	3	4	5	6	7
我愿意继续参与到众筹中去							
我愿意持续地参与到众筹中去							
如果可能，我可能不会继续参与到众筹中去							

财务风险容忍度

在你投资或者理财时，愿意接受那种风险和受益类别：	请在合适你的答案后打√
A：冒险型：愿意接受很高的财务风险来获取更大的收益	
B：稳健型：愿意接受高于平均水平的财务风险来获取高于平均水平的收益	
C：保守型：愿意接受平均水平的风险来获取平均水平的收益	
D：风险厌恶型：宁愿接受很低的收益，也不愿意承担财务风险